KB078635

중국의 엘리트

마오쩌둥에서 제5세대 지도자들까지

차례

Contents

들어가며

엘리트와 사회

엘리트가 특정 사회를 변화시키는지 아니면 그 사회가 특정한 엘리트의 출현을 추동하는지에 관한 논쟁은 닭이 먼저냐 아니면 달걀이 먼저냐 하는 것과 같다. 엘리트와 사회 간의 관계는 서로가 서로에게 영향을 미치는 상호보완적인 성격을 가지고 있다. 다만 어떤 측면을 볼 것인가에 따라 분석의 각도가 달라질 뿐이다. 예를 들면, 어떤 정책 변화에 있어서 엘리트가 미친 영향을 파악하고자 한다면, 엘리트가 중요한 설명 요인으로 자리매김 될 것이다. 반면, 어떤 사회의 변화를 엘리트 변화의 측면에서 살펴보고자 한다면, 엘리트는 여러 사회 요인이 변화한 결과로 자리매김 될 것이다. 이렇게 본다면 이 글은 그 성격상 후자에 해당된다. 즉, 중국 사회의 변화를 엘리트의 변화를 통해 파악하고자 한다. 물론 제한된 지면에 어떤 사회적 요인들이 엘리트의 변화에 영향을 미쳤는가에 대해서까지 자세하게 설명할 수는 없지만, 이 글의 목적은 어디까지나 엘리트를 중심으로 중국 사회의 변화를 파악하는 데 있다.

중국 정치 엘리트를 세대로 보는 이유

이 글에서는 중국 정치 엘리트를 '세대'별로 살펴본다. 일반적으로 '세대'라는 것은 출생 연도를 기준으로 공통적인 삶의 경험을 가진 이들의 집합이다.[1] 정치학에서는 기본적으로 동일한 세대는 중요한 역사적 사건을 함께 경험함으로써 동질성이 강한 사회·정치적 태도를 가진다고 보고 있다. 예를 들면, 서구에서는 세계 대공황, 제2차 세계대전, 베트남 전쟁 등과 같은 역사적으로 중요한 사건을 기준으로 세대를 구분하고 있다. 한국에서도 6·25 전쟁, 박정희의 유신체제, 1987년 민주화 투쟁 등을 기준으로 세대를 구분하고 있다. 해서 이 글에서는 중국 정치 엘리트들이 각 세대별로 유사점을 가지고 있다는 가정 아래, 역사적으로 중요한 사건을 기준으로 구분함으로써 이들의 전반적인 특징을 개괄해서 이해하기로 한다.

중국 정치 엘리트는 누구인가?

그렇다면, 이 글에서 주되게 다루고 있는 중국의 정치 엘리트는 누구인가? 이 질문에 답하기 위해서는 일반적인 정치 엘리트라는 측면과 중국이라는 특수성의 측면에서 접근해야 한다. 먼저 일반적인 의미에서 '정치 엘리트'는 "한 국가의 정책 결정 과정에 직접적으로 그리고 규칙적으로 영향력을 미칠 수 있는 사람들"[2]이라고 할 수 있다. 중국의 특수성은 1949년 중화인민공화국, 즉 사회주의 중국의 성립 이후 한 번도 정권의 변동 없이 중국공산당이 독점적 위치를 차지하고 있는 당-국가의 성격을 유지하고 있다는 것이다. 따라서 엄격한 의미에서 중국은 대중의 정치 참여가 배제되어 있는 특성을 지니고 있다. 이런 특성으로 인해 중국의 정치 엘리트는 "중국공산당원이면서 주요 당·정·군의 지도자"[3]라고 할 수 있다.

이를 보다 구체적으로 보면, 일반적으로 중국의 정치 엘리트는 중국공산당 중앙위원회의 위원과 그 후보위원이라고 할 수 있다. 그 이유는 다음과 같다.

우선, 대표성 때문이다. 중국공산당 중앙위원회는 해당 회기(개혁·개방 이후에는 5년이 한 회기임) 전국대표대회에서 선출하여 매년 회의를 열어 중국의 당과 국가의 주요 정책을 심의·결정하는 최고 권력 기구이다. 따라서 중국공산당 중앙위원과 그 후보위원은 해당 시기 명실상부한 중국의 최고 정치 엘리트를 대표한다고 할 수 있다.[4]

다음으로, 중국 사회에서 공산당이 가지는 주도적이고도 전일적인 지위 때문이다. 거대한 중국을 이끌어 가는 정치 엘리트 중에는 물론 매우 낮은 비율의 비非공산당원도 있겠지만 거의 대부분이 공산당원이다. 그 중에서도 중앙위원회 위원과 그 후보위원이 된다는 것은 중국 사회의 최상위 정치 엘리트라고 보기에 손색이 없고, 바로 이런 점 때문에 대부분의 학자들도 이들을 중국 정치 엘리트 연구의 주된 분석 대상으로 삼고 있다.

마지막으로 분석의 용이성 때문이다. 이들의 개인 자료는 정기적이지는 않지만 중국 정부의 공식문서를 통해 공개되고 있다. 따라서 아직도 공개 및 개방 정도가 취약한 중국 정부의 태도에 비추어 본다면 공식 자료를 통한 분석이 용이하다고 할 수 있다.

중국 정치 엘리트의 개괄적 특성

만약 위와 같은 논리의 전개에 동의한다면, 중국의 정치 엘리트는 해당 시기 중국공산당 중앙위원회의 위원과 그 후보위원으로 볼 수 있다. 그렇다면, 이들은 개괄적으로 어떤 특성을 지니고 있을까?

1921년 중국공산당이 창당하고 나서부터 2002년까지 구성된 중앙위원회는 모두 16번이었다. 그리고 이 16번의 중앙위원회 회기 중 한번이라도 중앙위원 내지 그 후보위원으로 선출된 이들은 모두 1,604명이다. 이들의 개괄적인 특성을 주요 범주에 따라 살펴보면 다음과 같다.

먼저, 남녀 비율에서는 남성이 절대적으로 높아서 전체의 92.1%를 차지했다. 이는 중국 정치 엘리트의 남성중심성이 매우 높다는 것을 의미한다.[5)]

둘째, 출신 민족별 분포를 보면, 한(漢)족의 비율이 역시 월등히 높아 전체의 92.3%를 기록했다. 그 뒤를 이어 후이(回)족과 짱(藏)족이 2, 3위를 차지했다. 참고로, 둥(侗)족, 서(佘)족, 나시(納西)족, 투(土)족은 각 1명씩으로 가장 작은 출신 민족이었다.[6)]

셋째, 출신 지역 분포에서 산둥(山東), 장쑤(江蘇), 후난(湖南)성 출신이 각각 전체의 10.7%, 9.5%, 8.5%를 차지해 1~3위를 차지했다. 참고로, 타이완(台灣)이 모두 3명으로 가장 적은 수의 정치 엘리트를 배출한 지역이었다.[7)]

넷째, 대학 수료자 이상을 대상으로 한 전공 분포의 측면에서, 중국 정치 엘리트는 자연과학·재정·경제·응용과학 등의 전공을 선택한 이들이 가장 많아 전체의 42.9%를 차지했다. 그 뒤를 이어 기타와 군사 관련 전공을 선택한 이들이 각각 37.5%와 19.6%를 기록했다.

다섯째, 당적 박탈과 탈당 유무의 비율을 비교해보면, 당적을 박탈당한 경험이 있는 이들은 전체의 6.5%를, 탈당 경험이 있는 이는 전체의 0.6%를 차지했다.

여섯째, 주요 경력의 측면에서, 중국 정치 엘리트가 중앙위

〈표 1〉 1921~2003년 중국 정치 엘리트의 특성

자료출처: 〈중국 정치 엘리트 데이터베이스(1921~2003)〉

범주	구분	빈도(명)	비율(%)	비고
성별	남	1477	92.1	
	여	127	7.9	
	전체	1604	100.0	
출신 민족별	한(漢)	1481	92.3	최다 출신 민족 1~3위만 표기, 출신 민족 미상 샘플 1명
	후이(回)	23	1.4	
	짱(藏)	18	1.1	
	전체	1522	94.8	
출신 지역별	산둥(山東)	172	10.7	최다 출신 지역 제1~3위만 표기, 출신 지역 미상 샘플 1명
	쟝쑤(江蘇)	152	9.5	
	후난(湖南)	136	8.5	
	전체	460	28.7	
전공	자연과학·재정·경제·응용과학	452	42.9	전체 샘플 중 551명은 그 학력 수준이 고등학교 졸업 이하임
	군사	206	19.6	
	기타	395	37.5	
	전체	1053	100.0	
당적박탈 유무	유	105	6.5	
	무	1499	93.5	
	전체	1604	100.0	
탈당 유무	유	9	0.6	
	무	1595	99.4	
	전체	1604	100.0	
주요 경력	군대	422	26.3	최다 주요 경력 제1~3위만 표기
	당 조직	326	20.3	
	엔지니어	301	18.8	
	전체	1049	65.4	
기술관료 여부	기술관료	322	20.1	
	非기술관료	1282	79.9	
	전체	1604	100.0	

원이 되기 전까지 제일 많이 경력을 쌓은 곳은 군대인 것으로 드러났다. 전체의 26.63%가 군대에서 주요 경력을 쌓았다. 그 뒤를 이어 당 조직과 엔지니어 출신이 자리 잡고 있다.

일곱째, 대학에서 자연과학·재정·경제·응용과학 등 전공을

공부하고 중앙위원이 되기 전까지 해당 분야, 즉 정부의 경제 혹은 산업 부문과 공장 등에서 주요 경력을 쌓은 이들을 기술관료라고 봤을 때 기술관료(Technocrat) 여부에 대해서, 이 시기 중국 정치 엘리트는 비非기술관료로 분류할 수 있는 이들이 훨씬 많았다. 전체의 79.9%가 비기술관료인 것으로 나타났다.[8)]

마지막으로, 학력 수준의 측면에서 이 시기 중국 정치 엘리트는 다음과 같은 특성을 가지고 있다.(<표 2> 참조) 먼저, 정식으로 일을 시작하기 전의 학력 수준 보다 전체 학력의 그것이 높다. 평균값으로 비교하면 각각 3.33과 4.07이다. 둘째, 이를 통해서 봤을 때, 이 시기 중국 정치 엘리트는 정식으로 일을 시작하기 전에는 평균적으로 고등학교 졸업의, 전체 학력에서는 대학 수료의 학력 수준임을 알 수 있다.

〈표 2〉 1921년~2003년 중국 정치 엘리트의 학력 특성

자료출처: 〈중국 정치 엘리트 데이터베이스(1921~2003)〉

구분	평균값
정식으로 일을 시작하기 전의 학력 수준	3.33
전체 학력 수준	4.07

참조: 각 개인의 학력을 무학력, 초등학교 졸업, 중학교 졸업, 고등학교 졸업, 대학 수료, 대학 졸업, 대학원 이상 등 6개 범주로 나누어 각각 0~6점을 주었고, 각 개인의 점수의 평균을 구했다.

중국 정치 엘리트의 시기별 특성

여기에서는 중국 정치 엘리트의 특성을 보다 잘 파악하기 위해 각 분야의 특성이 시기별로 어떻게 변화하고 있는지를 알아본다. 각 분야의 특성은 위의 개괄적 특성에서의 그것과 같다. 또 각 시기는 중국공산당 역대 중앙위원회로 잡았다. 우선, 각 시기별 중국 정치 엘리트의 남성 비율의 변화는 <그림 1>과 같다. 대부분의 시기에서 남성의 비율은 90%가 넘었다. 이는 중국공산당이, 그리고 중국 정치 엘리트가 남성 중심이라는 것을 보여준다. 예외적으로 제10기와 제11기에 90% 밑으로 떨어졌는데, 이들 회기는 흥미롭게도 문화대혁명 기간과 겹친다. 이는 문화대혁명 기간 중에 약 60% 이상의 지도급 간부가 그 지위를 상실했다는 사실과 결부시켜 해석할 수 있다.[9] 즉, 기존의 남성중심성이 매우 강한 중국 정치 엘리트 체제가 문화대혁명이라는 사건의 영향으로 일정 수준 파괴되었다는 것이다. 이로 인해 여성의 비율이 상대적으로 증가했다

〈그림 1〉 시기별 중국 정치 엘리트 남성 비율 변화

자료출처: 〈중국 정치 엘리트 데이터 베이스(1921-2003)〉

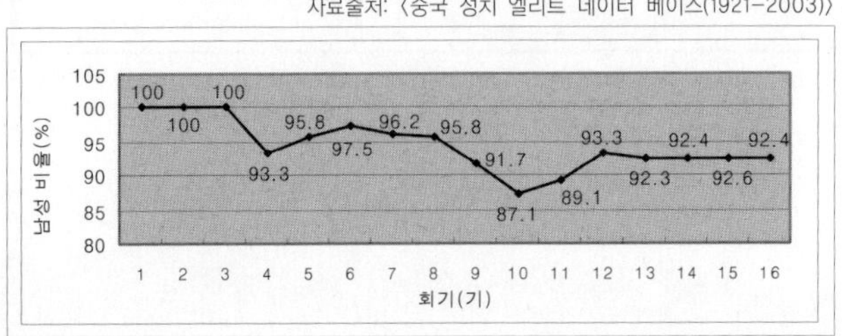

〈그림 2〉 시기별 중국 정치 엘리트 한족 비율 변화

자료출처: 〈중국 정치 엘리트 데이터 베이스(1921-2003)〉

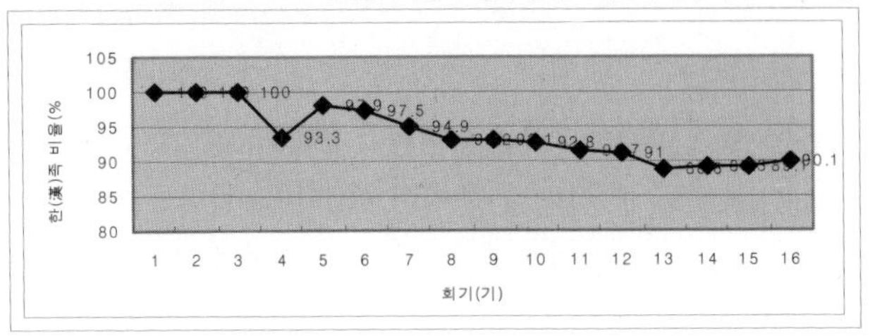

고 볼 수 있다.

또 <그림 2>에서 보듯이, 각 시기별 한족의 비율 변화 추이를 살펴보면, 점차 감소하는 전반적인 흐름을 파악할 수 있다. 즉, 중국 정치 엘리트의 한족중심성이 작은 폭이기는 하지만 약해지고 있다는 것으로 해석할 수 있다.

특히 제13기에 비교적 큰 폭으로 소수민족 출신 중국 정치 엘리트의 수가 증가했는데, 그 이유는 중국공산당의 다음 몇 가지 조치와 연결시켜 볼 수 있다. 중국공산당은 문화대혁명 시기에 중화인민공화국 성립 이후 줄곧 진행되어오던 소수민족 간부배양정책이 제대로 집행되지 않았다고 판단했다. 따라서 1983년에 각 민족학원에 정규학제를 갖춘 간부배양과정을 설치하도록 지시했다. 동시에 중앙 당교黨校에 문화대혁명 기간 폐지되었던 신장(新疆) 출신 간부들을 위한 교육 기구인 '신장반'을 재설치하고 '시짱(西藏)반'도 개설하였다. 또 1984년 전국인민대표대회에서는 소수민족 국가간부 및 전문기술간부 집중양성 조항이 삽입된 「중화인민공화국 민족구역 자치법中

華人民共和國民族區域自治法」을 통과시키기도 했다.[10]

<그림 3>은 매 시기별 중국 정치 엘리트의 평균 연령 변화이다. 전반적인 추세는 점차 증가하는 추세이다. 특히 제7기 때 급속하게 증가했는데, 이 회기는 바로 중국공산당이 중화인민공화국을 건국하기 4년 전인 1945년 4월에 시작되었다. 따라서 평균 연령의 측면에서는 비교적 분명한 분기점을 이루는 시기가 중화인민공화국 건국인 것으로 해석할 수 있다. 즉, '중화인민공화국 건국'이라는 사건을 계기로 중국공산당이 젊은 '전투형'에서 원숙함을 강조하는 '관리형'으로 변화했다는 것을 알 수 있다. 실제로 중국공산당은 항일전쟁 시기 중인 1938년부터 대대적인 당원확충정책을 실시해, 지식인과 자본가 계층 역시도 당원으로 받아들였다.[11]

참고로, 중화인민공화국 건국을 기점으로 이전 시기의 정치 엘리트 평균 연령은 29세, 이후 시기는 55세였다. 그러나 개혁·개방을 기점으로 봤을 때, 전기의 평균 연령은 39세였고

〈그림 3〉 각 시기별 중국 정치 엘리트의 평균 연령 변화

자료출처: 〈중국 정치 엘리트 데이터 베이스(1921-2003)〉

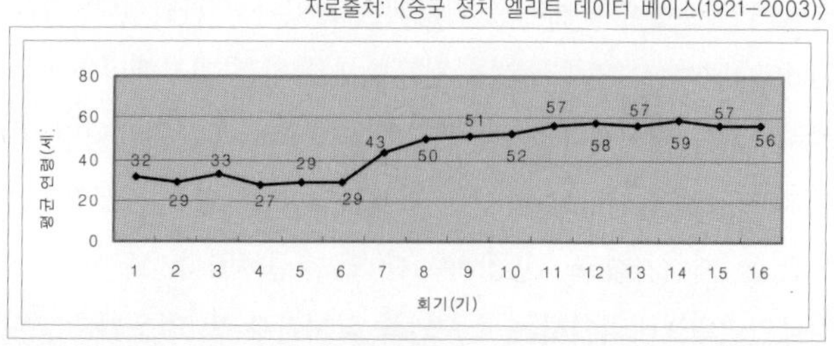

참조: 연령 계산은 각 회기가 시작하는 중국공산당 전국대표대회가 열린 연도에서 출생 연도를 뺐다

후기의 그것은 57세였다.

개혁·개방 전후기에서 최다 정치 엘리트 배출 지역은 각각 후난, 장시(江西), 산둥, 장쑤 성이다. 이들의 매 시기별 비율 변화는 <그림 4>와 같다. 우선, 전체적인 흐름을 보면, 제12기 중국공산당 중앙위원회 회기를 기점으로 이들 두 시기의 최다 배출 지역 제1위와 제2위가 명확하게 바뀌었다. 즉, 개혁·개방 정책의 실시와 정치 엘리트의 출신지역 간의 일정한 연관 관계가 존재한다는 것을 추측할 수 있다.

다음으로, 각 출신 지역의 흐름을 살펴보면, 후난성의 경우

〈그림 4〉 개혁·개방 전후기 최다 정치 엘리트 배출 제1위와 제2위 지역의 소 시기별 비율 변화

자료출처: 〈중국 정치 엘리트 데이터 베이스(1921–2003)〉

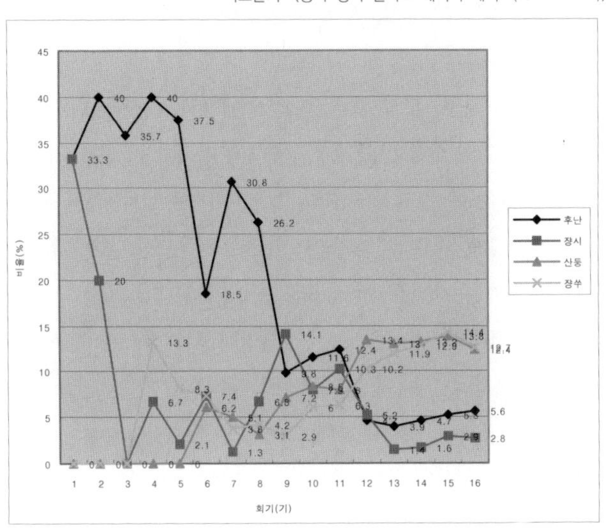

개혁·개방 전기에서 제9기를 제외하면 모두 정치 엘리트를 최다 배출한 지역이었다. 그러나 개혁·개방 후기에는 그 비율이 급속히 감소하였다. <그림 4>를 보면, 제11기와 제12기의 비율 변화가 매우 극적으로 나타났다. 쟝시성의 경우, 그 변화가 매우 극적인데, 비교적 기복이 심하게 변화하다가 제9기에 정치 엘리트 최다 배출지역이 되었다. 그러나 이 지역 역시 개혁·개방 후기에는 감소 추세를 계속 나타내고 있다. 이 두 지역이 개혁·개방 전기에 높은 정치 엘리트 배출률을 유지한 이유 중 하나는 바로 중국공산당이 초기에 근거지로 자리 잡은 곳이 후난성과 쟝시성이었기 때문이다. 실제로 1927년에서 1935년까지의 징강산(井岡山)과 쟝시소비에트 시기에 전체 당원의 수가 급증했고, 또 전체 당원의 약 1/3이 이 지역에 같이 거주했다.[12)]

산둥성의 경우, 개혁·개방 전기 중에서도 초반에는 그리 높은 비율을 기록하지 못했지만, 제9기부터 증가세를 나타내어, 그 이후 계속 이 추세가 이어지고 있다. 쟝쑤성의 경우, 개혁·개방 전기 초반에도 그 비율이 상당히 높았으나, 제10기 이후부터 꾸준히 증가세를 이어나가, 제15기와 제16기는 중국 정치 엘리트를 제일 많이 배출한 지역이 되었다. 이 결과에서, 흥미롭게도 특히 쟝쑤성 출신 정치 엘리트의 비율 변화 추세와 전 중국공산당 중앙위원회 총서기인 쟝쩌민(江澤民)의 정치적 부침이 비슷하다. 주지하다시피, 그가 바로 쟝쑤성 출신이다. 그는 제12기 중앙위원을 지냈고, 제13기에는 중앙위원회 정치국 위원으로 선출되었다가 회기 중인 1989년에는 중앙위원회 정치국 상무위원 겸 총서기로 선출 되었다. 제14기와 제15기에는 처음부터 중앙위원회 정치국 상무위원 겸 총서기로 활동했다. 따라서 그의 정치 생애는 제12기부터 본격적으로 줄곧 상승곡선을 그리다가 제15기를 기점으로 다소 하락하고 있다고 할 수 있다.

중국 정치 엘리트의 각 시기별 학력 수준의 변화는 <그림 5>와 같다. 정치 엘리트의 수가 극소수(3명)였던 제1기를 제외하고는 모든 시기에서 일을 정식으로 시작하기 전보다 전체 학력 수준이 상대적으로 더 높았다. 다음으로, 제1~11기까지인 개혁·개방 전기에는 상당히 불규칙적인 추세를, 후기에는 일관된 추세를 보여주고 있다. 특히 개혁·개방 전기 중에서도 그 학력 수준이 가장 낮은 시기는 제6기이다. 제6기 중국공산당 중앙위원회는 1928년에 시작되었는데, 이 시기에 중국공산당은 농민을 대거 입당시키면서 소수 엘리트 정당에서 대중

〈그림 5〉 각 소시기별 중국 정치 엘리트의 학력 수준 변화

자료출처: 〈중국 정치 엘리트 데이터 베이스(1921-2003)〉

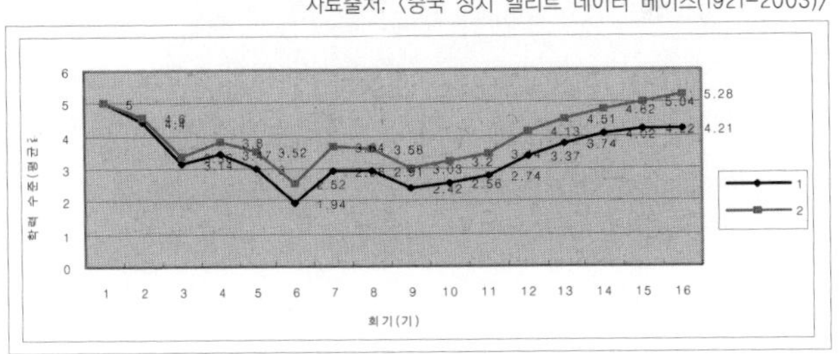

참조: 범례 1은 일을 정식으로 시작하기 전의, 범례2는 전체 학력을 의미한다.

혁명 정당으로 전환을 시도했다. 따라서 일시적으로 학력 수준이 낮아진 것으로 분석된다. 또, 제9기의 경우 1969년에 시작되었는데, 이 시기의 학력 수준 하락의 직접적인 원인은 문화대혁명으로 볼 수 있다. 특히 문화대혁명 초기에 진행된 이른바 '정치 숙청'은 주되게 학력 수준이 높은 전문가와 당의 주요 지도자들을 대상으로 진행되었다.[13] 따라서 이 시기 학력 수준이 일시적으로 하락한 것으로 보인다. 제10기 이후에는 줄곧 상승하는 추세를 보이고 있고, 이는 상술한 중국공산당의 학력 수준 제고 조치들과의 연관성 속에서 이해할 수 있다.

<그림 6>은 중국 정치 엘리트 중 대학 수료 이상의 학력을 가진 자들이 선택한 전공의 비율 변화를 나타내고 있다. 자연과학·재정·경제·응용과학 등 전공 즉 소위 '기술관료'적 전

〈그림 6〉 시기별 중국 정치 엘리트의 선택 전공 비율 변화

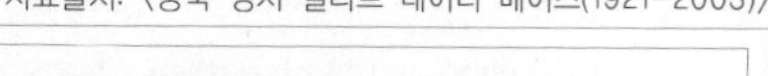
자료출처: 〈중국 정치 엘리트 데이터 베이스(1921-2003)〉

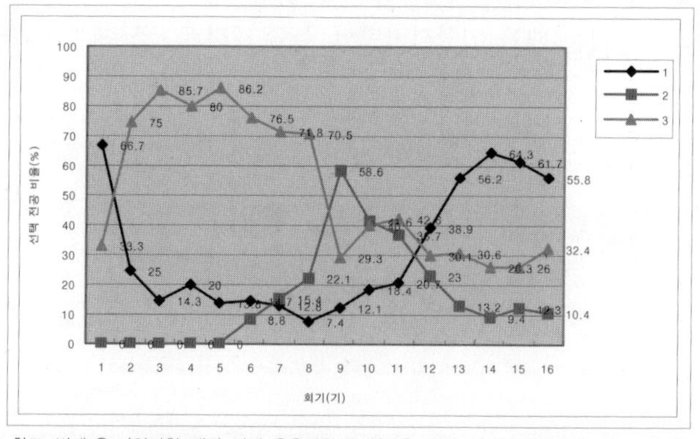

참조: 범례1은 자연과학·재정·경제·응용과학 등 전공을, 범례2는 군사 관련 전공을, 범례3은 기타 전공을 의미한다.

공은 개혁·개방 이후 즉 1982년부터 시작된 제12기 중앙위원회부터 급속하게 증가한 것을 확인할 수 있다.

군사 관련 전공자들은 제9기에 정점에 달했고, 그 이후 감소 추세를 보이고 있다. 흥미로운 것은 <그림 6>과 <그림 7>의 군사 관련 전공자와 주요 경력으로서의 군대 비율의 급속한 증가와 그 시기가 동일하다. 이 시기는 문화대혁명 기간 군부의 피해가 가장 적었고, 오히려 그 정치적 영향력이 확대된 것과 관련이 있다고 분석된다. 실제로 1969년 열린 제9차 중국공산당 전국대표대회에서 군부의 주요 지도자인 린뱌오(林彪)는 "마오쩌둥(毛澤東) 동지의 친밀한 전우이자 후계자"로

〈그림7〉 시기별 중국 정치 엘리트의 주요 경력 영역의 비율 변화

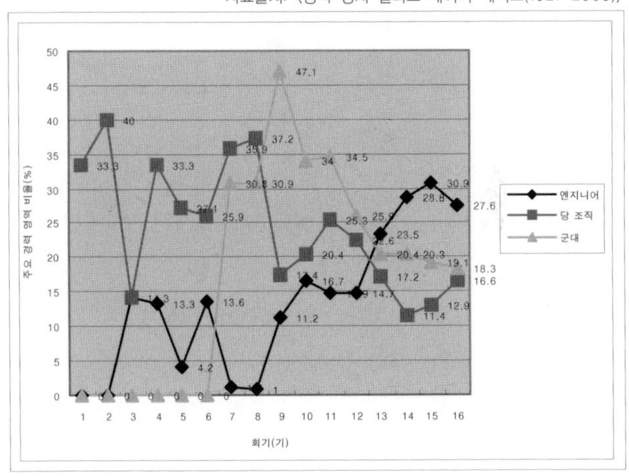

참조: 엔지니어, 당 조직, 군대는 제1~16기에서 최다 주요 경력에서 제1~3위를 차지한 경우가 대부분이어서 이를 중심으로 그림을 작성했다.

서 중국공산당 당장에 삽입되기도 했다.[14] 또 그 이후 군사 관련 전공자의 비율 감소는 중국의 국방 현대화의 일환으로 계속 진행되어온 인민해방군의 감축과 일정한 관련이 있다고 보인다. 실제로 중국 인민해방군은 1985년 100만 명의 감축 계획을 발표하고, 1990년에 그 목표를 달성했다. 그 이후에도 계속 군대 감축을 진행하고 있다.

한편, 1980년부터 덩샤오핑(鄧小平) 등에 의해 주도된 새로운 간부 정책인 '간부사화幹部四化'가 진행되었다. 이는 "공산당에 대한 높은 충성심(革命化)과 더불어, 더 젊고(年輕化), 더 전문화되어 있고(專業化), 더 학력이 높은(知識化)" 이들을 간부로 집중 육성하겠다는 것이었다. 그러나 이러한 증가 추세가 제15기와 제16기에는 감소 추세를 보이고 있는 것을 확인할 수 있는데, 이는 인문학이나 사회과학 등을 포함하는 기타 전공 선택자들의 증가 추세와 대조를 이루고 있다.

중국 정치 엘리트의 주요 경력 중 엔지니어의 비율은 중국공산당이 국가 건설을 해 나가는 과정과 연동되어 증가 추세를 보이고 있다. 특히 개혁·개방과 함께 추진된 상술한 '간부사화' 정책으로 인해 이 시기에는 계속 전체에서 제1위를 차지했다. 당 조직의 경우, 제9기 중앙위원회, 즉 문화대혁명 시기에 급속한 감소 추세를 보이고, 다시 증가하다가 엔지니어와는 상반되게 개혁·개방 정책의 실시와 더불어 감소 추세를 보였다. 그러나 제15기부터 다시 증가하는 추세임을 확인할 수 있다. 이는 제14기를 기점으로 당 조직에서 주요 경력을 쌓은 이들의 중국 정치 엘리트 구성 비율이 다시 증가하고 있고, 역으로 엔지니어로 주요 경력을 쌓은 이들의 그 비율이 제15기를 기점으로 감소하고 있다는 것이다.

이는 장쩌민이 제14차 당 대표대회를 통해 '재집권'에 성공하면서 개혁·개방 이후 한동안 시도되었던 민주적인 정치 개혁을 포기하고 기존의 권위주의 체제를 공고히 하는 방향으로 정책을 선회한 것과 관련이 있다고 보인다. 실제로, 장쩌민은 1998년부터 '삼강三講' 교육운동, 2001년부터 삼개대표三個代表 학습운동을 벌이는 등 공산당의 이데올로기 강화 작업을 주도적으로 펼쳤다.[15] 바로 이 과정에서 일정하게 당 조직의 위상이 높아졌다고 판단된다.

주요 경력이 군대인 이들의 중국 정치 엘리트에서 차지하는 비율은 대체로 선택 전공을 표시한 <그림 6>과 유사하다. 즉, 제9기를 정점으로 급속하게 증가했고, 그 이후 린뱌오의 실각 등 사건이 발생하면서 계속 감소 추세를 보이고 있다. (<그림 7> 참조)

또 중국 정치 엘리트 중 기술관료의 비율 역시 기본적으로 <그림 6>의 선택 전공과 그 추이가 비슷하다. 국가 체제의 건설과정과 더불어 증가하다가, 간부 정책이 바뀐 개혁·개방의 시작과 더불어 급속하게 증가했으며, 제15기와 제16기에 다소 감소 추세를 보이고 있다.

〈그림 8〉 시기별 기술관료(테크노크라트) 비율 변화

자료출처: 〈중국 정치 엘리트 데이터 베이스(1921-2003)〉

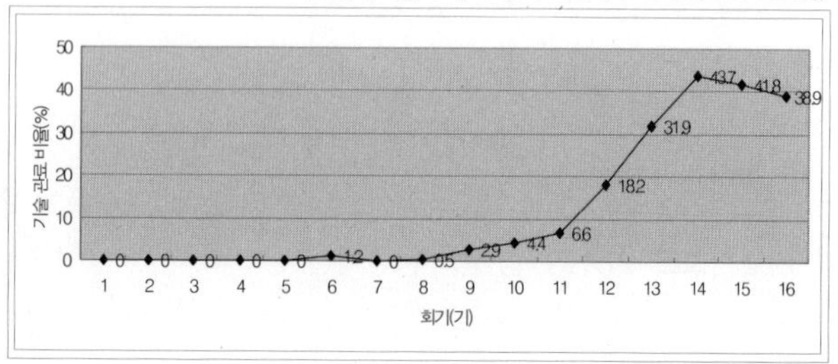

글의 순서

이상의 논의를 토대로 이 글은 다음과 같이 구성되어 있다. 먼저 다음 장에서는 중국 정치 엘리트의 세대 구분은 어떻게 해야 할 것이며, 그 기준에 따랐을 때 중국의 정치 엘리트는 어떤 세대로 구성되어 있고, 각각의 특성들은 어떠한지를 살펴본다. 그 이후 각 세대별 특성에 따른 구분을 근거로, 그 대표적인 인물은 누구인지와 그 개별 인물의 자세한 상황에 대해 알아본다. 특정 세대의 대표 인물은 해당 시기의 최고 지도자를 중심으로 선별했으며, 이들에 대한 분석을 통해 우리는 해당 세대의 특성을 보다 분명하게 이해할 수 있을 것이다. 결론으로는 간단한 논의의 정리와 중국 정치 엘리트의 변화와 관련된 전망을 내올 것이다.

중국 정치 엘리트의 세대 구분

정치 세대

많은 사회과학자들은 중요한 역사 경험을 공유한 이들이 어떤 공통점과 태도를 나타내는지에 대해 관심을 기울여왔다. 특히 이 영역에서의 대부분의 연구들은 칼 만하임(Karl Mannheim)의 세대 연구를 그 출발점으로 삼고 있다. 그에 따르면, 연령뿐만 아니라 인종, 민족, 성 등의 인구통계적 범주와 공통의 역사 경험이라는 사회문화적 범주에서 정치 세대는 구분되어진다. 즉, 같은 연령대라도 다른 정치 및 사회적 태도를 가질 수 있다는 것이다. 중요한 것은 공통의 역사적 경험을 가졌는가 이다. 따라서 그에 따르면 세대라는 개념은 보다 정치 및 사회화된 것으로 이해된다. 이러한 만하임의 견해는 이후에도 계승되고 있다. 따라서 "유사한 특징적인 역사적 사건을 경험했기 때문에 유사한 방식으로 사회화된 이들"[16]을 정치 세대라고 볼 수 있다.

이러한 정치 세대에 대한 개념 정의는 중국 정치에 적용하는 데에도 매우 효과적이다. 왜냐하면, 엄밀한 과학적 의미가 아닌 관습적 측면에서 중국 정치에서는 '장정 세대', '항일전쟁 세대' 등의 단어가 통용되고 있기 때문이다. 물론 같은 정치 세대 내의 갈등과 차이점을 무시할 수는 없겠지만, 동일한 정치 세대라 함은 비슷한 역사적 경험을 공유하고 있다는 것을 중국 사회에서도 인정하고 있음을 의미한다. 그러나 보다 엄밀한 의미에서는 '정치 세대'보다는 '정치 엘리트 세대'라는 표현이 더 적절한 것으로 판단된다. 한 정치 세대가 유사한 성장과정에서 동일한 역사적 사건을 경험했다 하더라도 그들이 유사한 가치관과 태도를 가진다고 보기에는 무리가 있기 때문이다. 따라서 '정치 세대'보다는 보다 좁혀진, 즉 적어도 같은 정치 및 사회적 태도를 가지는 이들인 '정치 엘리트 세대' 개념이 더 적절할 것이다. 물론 위에서 언급한 '장정 세대' 등도 모두 중국의 정치 엘리트를 가리키는 것이기도 하다.[17]

중국 정치 엘리트의 세대 구분법

이상의 개념을 가지고 중국의 정치 엘리트의 세대를 구분하면 다음과 같다. 우선, 중국 당대사에서 중요한 사건을 중심으로 구분하는 것이다. 이 중요한 사건들은 중국 당대사의 향방을 결정한 것들로, 중국공산당의 대장정大長征, 항일전쟁, 사회주의 개조, 문화대혁명, 개혁·개방 등 5개로 나누어 볼 수 있다.

대장정

중국공산당의 대장정은 1934년부터 1935년까지 진행된 사건이다. 1928년 말까지 북벌北伐을 완료하여 불완전하나마 중국 통일을 일단락 지운 장제스(蔣介石)는, 1930년부터 1933년 3월까지 모두 4차에 걸쳐 당시 루이진(瑞金)을 중심으로 존재하던 쟝시소비에트를 주된 공격대상으로 하는 공산당 토벌 작전을 진행했다. 그러나 이 작전이 모두 실패에 빠지자, 1933년 10월부터 50만 대군과 구미열강의 원조를 통해 들여온 항공기와 대량의 최신 무기를 앞세워 제5차 토벌 작전을 개시했다. 이에 당시 중국공산당 지도부는 국민당의 이러한 진공에 어떻게 대응할 것이냐를 두고 논쟁을 벌였고, 결국 포위망을 뚫고 도주하기로 결정했다. 그 결과 1934년 10월 15일 지금의 쟝시성 루이진을 탈출하여 1년여 동안 중국 대륙을 남북으로 횡단하여 도망쳐 다니는 소위 '2만 5,000리 대장정'이라고 불리는 역사상 유일무이한 퇴각 작전을 감행했다. 이렇게 시작된 대장정은 모두 11개의 성과 24개의 강, 1,000개 이상의 산을 넘으며 뚜렷한 목적지 없이 진행되었고, 1935년 10월 20일 산시

(陝西)성 옌안(延安) 북쪽 우치(吳起)에 도달하면서 종결됐다. 외형상으로 이 대장정으로 인해 중국공산당은 심각한 피해를 입었다. 출발 당시 약 8만 7,000명이었던 병력은 4,000여 명으로 줄었고, 민간인 3만 5,000여 명은 2만 5,000여 명으로 감소했다. 그러나 이 대장정으로 인해 중국공산당은 유격전술을 공식 노선으로 채택하였고, 마오쩌둥이 완전히 당권을 장악하였으며, 당시 중국공산당을 지도하는 위치에 있던 코민테른과의 관계에서도 독립성을 획득하는 등의 성과를 낳았다. 또 어떠한 탄압에도 굴하지 않고 생존할 수 있다는 강력한 자신감을 얻었다.[18)]

항일전쟁

일반적으로 중일전쟁이라고 알려진 이 전쟁은 1937년 7월 7일 베이징(北京) 인근 노구교(盧溝橋)에서 벌어진 총격 사건을 기점으로 시작되어, 1945년 8월 15일 일본이 패망할 때 까지 계속됐다. 노구교 사건으로 이전까지 일본 제국주의 침략에 대해 소극적인 자세로 일관하던 국민당 정부가 적극적인 항일 의지를 천명하면서 항일전쟁은 촉발되었다. 항일전쟁의 초기 단계, 즉 1937~1938년에는 일본이 압도적인 군사적 우세를 유지하면서 신속하게 중국의 주요 도시와 연해안 지역을 점령했다. 그러나 국민당과 공산당을 중심으로 하는 중국 측이 지구전으로 돌입하면서 1939년 이후 1942년까지 전쟁은 교착상태에 빠지면서 대치국면이 조성되었다. 1941년 12월에 태평양

전쟁이 발발하면서 중일전쟁의 성격은 서서히 변하여 1943년 이후에는 중국의 반격과 일본의 방어전으로 전환되어 1945년 8월 15일에 일본의 패배로 종결되었다. 이 전쟁은 중국 국내 정치의 측면에서 제2차 국공합작의 계기가 되어 수세에 빠진 중국공산당을 더욱 강하게 성장시키는 기회를 제공했다. 실제로 중국공산당은 1937년 8월에 홍군을 국민혁명 제8로군으로 편입시키고, 산시성 북부의 혁명근거지에 설립된 소비에트정부도 난징(南京) 국민당 중앙정부 소속의 산간닝(陝甘寧) 변구정부로 개칭했다. 그러나 주요 도시를 중심으로 전쟁을 수행하여 일본군과 정면 대결하던 국민당에 비해, 공산당은 일본군의 후방을 중심으로 변구와 해방구를 중심으로 게릴라전을 주로 구사했기 때문에 손실을 적게 입고 그 세력은 급속히 증가했다. 병력의 규모에서만 봐도, 1938년 4만 2,000여 명에서 1940년에는 50만여 명으로 증가했다.[19)]

사회주의 개조

1949년 10월 중화인민공화국 건국에서부터 1958년 5월 제8기 중국공산당 중앙위원회 제5차 전체회의에서 "더 많이, 더 빨리, 훌륭하게 사회주의를 건설하자(鼓足幹勁, 力爭上遊, 多快好省地建設社會主義)"라는 제목의 사회주의 총노선을 통과시키기까지의 기간이다. 중국은 공산주의 사회 실현에 있어서 기본적으로 '자본주의 사회→신민주주의 사회→사회주의 사회→공산주의 사회'로 발전하는 4단계 이론을 토대로 삼고 있다. 따라서 이 시기는 중국 당대사에서 매우 중요한데, 중화인민공화국 성립 당시 반反외세, 반反봉건을 기치로 하는 신민주주의 혁명이 완수되고 사회주의 혁명 단계에 돌입했다고 선언했기 때문이다. 이 시기에는 농업의 집단화와 수공업 및 사영 공상업의 사회주의 개조를 완성하기 위해 노력했다. 그 결과 사회주의 건설 단계로 돌입하기 전 준비를 논리적으로 끝냈다고 할 수 있다. 따라서 앞의 사회주의 총노선은 이러한 사회주의 건설에 총력을 집중하여 신속히 완수하고 공산주의 사회 건설을 향해 더욱 빨리 전진하자는 내용을 밝힌 것이다. 따라서 이 시기에는 중화인민공화국 성립 이후 사회주의 건설을 진행하자는 혁명적 의지와 열정이 국가 내부적으로 충만했다.[20]

한편 그동안의 내전과 항일전쟁 등으로 제대로 진행되지 않았던 사회적 차원에서의 생산과 교육이 정상화되어가고 대규모의 당원 충원이 이루어지면서 실제로 이 시기에 당원의 수가 약 세 배가량 증가했다. 더구나 이들 중 약 63%는 중화인민공화국 성립 이후 당원이 된 경우였다.[21]

문화대혁명

본격적으로는 1965년 말부터 1968년 말까지, 그 여파를 감안하면 1976년 마오쩌둥이 사망할 때까지 이어진 이 사건은 마오쩌둥이 당내에 존재한다고 주장한 자본주의의 길을 가려하는 수정주의자인 주자파走資派들을 전면적으로 숙청하자고

하는 데서 출발했다. 문예 비판에서 시작하여, 정치 권력 투쟁으로 발전하였으며, 여기에 학생·노동자들이 홍위병을 조직하면서 전반적인 대중운동으로 급성장했다. 이 과정에서 마오쩌둥은 당내의 후계자였던 실용주의 노선의 류샤오치(劉少奇)를 숙청하고, 새로운 후계자로 린뱌오를 지명하고, 아내 장칭(江青)을 중심으로 하는 소위 '4인방'을 새로운 정치 후계자 그룹으로 등장시켰다. 따라서 노선의 측면에서 문화대혁명은 중화인민공화국 건국 이후 당내에 존재하던 좌익과 실용주의 노선 간의 투쟁이라고 볼 수 있다. 결과는 좌익 노선의 완벽한 승리였다. 그러나 이 과정에서 당 내부의 노선 투쟁이 중국 사회 전반으로 확산되면서 모든 분야와 지역에서 대립과 갈등이 심화·확대되었다. 이 시기는 무한적인 반대와 투쟁이 용인되었고, 마오쩌둥을 제외한 모든 기존 권위에 대한 반대와 투쟁이 허용되었다. 그 결과 전사회적으로 피해가 상당했다. 경제적으로 중화인민공화국 건국 이후 쌓아온 경제적 성과를 이 기간에 까먹었다. 또 정상적인 교육기관이 약 10년 동안 제대로 기능하지 못했고, 약 20만 명의 교수, 교사, 연구원 등이 박해를 받았다. 간부의 측면에서 지방당 고위 간부 중 약 70~80%, 중앙당 간부 중에서 약 60~70%가 이 기간 중에 숙청되었고, 전체적으로 약 300만 명의 당정 간부들이 숙청되었다가 1970년대 말에 복권되었다.[22]

개혁과 개방

개혁과 개방 시기는 공식적으로 1978년 12월 제11기 중국공산당 중앙위원회 제3차 전체회의부터 시작되었다. 이 회의에서 대규모적인 대중적 계급투쟁의 종결을 선언하고 개혁개방 노선의 실시를 대내외적으로 천명했다. 이때부터 덩샤오핑을 비롯한 당내 실용주의 세력들이 중국 정치의 실권자로 등장했다. 1989년 톈안먼(天安門) 사건 등 위기 속에서도 이때 결정한 개혁과 개방 노선은 현재에도 중국의 최고 정책 노선으로 인정받고 있다. 이 노선의 실시를 위해 중국공산당은 연해 지역을 중심으로 대외개방 정책을, 계획경제에서 시장경제 체제로의 개혁 정책을 진행해갔다. 그 결과는 1978년 이후 매년 연 평균 10%가량의 경제성장을 거듭하여 물질적 수준에서의 급속한 향상을 가져왔다. 간부의 측면에서도 이 새로운 노선의 실시와 문화대혁명 기간 득세했던 좌익노선 추종자들의 숙청으로 인한 공백을 메우기 위해 1982년부터 새로운 간부 선발의 기준 즉 '간부사화' 원칙을 제정하고 실행했다. 그 결과 1987년 제12차 중국공산당 전국대표대회에서는 완전한 세대교체를 이뤄냈다. 따라서 이 시기를 겪은 세대들은 경제적인 성장을 최우선 과제로, 급속히 성장하는 중국의 국력을 바라보면서 자신감을 얻고, 문화대혁명 이후 안정화된 교육 및 사회 시스템 속에서 생활하고 교육받았다고 할 수 있다.[23]

이상과 같이 중국 당대사의 주요 사건들을 중심으로 세대를 구분할 수 있다. 또 한편, 중국 정계에서도 정치 엘리트의 세대 구분과 관련해 관습적으로 굳어진 견해가 존재한다. 이는 중국의 전 최고 지도자 덩샤오핑에 의해 제안 된 것이다. 보다 구체적으로 덩샤오핑은 제1세대에서 제3세대까지를 구분했다. 그는 1989년에 중국공산당 지도급 인사와 가진 담화를 통해 그 분류의 근거를 제시했다. 그는 마오쩌둥을 제1세대 지도 핵심으로, 자신을 제2세대의 그것으로, 장쩌민을 제3세대 지도 핵심으로 정의했다.[24)]

이상의 두 견해, 즉 주요 사건에 대한 경험을 공유한 점과 덩샤오핑의 견해를 종합해서 중국 정치 엘리트의 세대는 다음과 같이 제1~5세대로 구분할 수 있다. 참고로 중국공산당 중앙위원회의 각 회기를 이들 정치 세대에 대응해본다면, 제1기에서 제11기까지는 제1세대로, 제12~13기는 제2세대로, 제14~15기는 제3세대로, 제16~17기는 제4세대가 중심 정치 세대라고 할 수 있다. 물론 이들 각 시기에서 각 정치 세대가 주도적인 역할을 하기는 했지만 각 시기 정치 엘리트의 전부가 특정 정치 세대로 이뤄졌다고는 할 수 없다.

중국 정치 엘리트의 세대 : 제1~5세대

제1세대는 대장정이라는 역사적 사건을 경험했다. 물론 이 과정에서 중국공산당에 투신하여 주도적으로 활동했으며, 2008년을 기준으로 했을 때 대부분 사망했다. 즉 이들은 중국공산당의 초기 활동 멤버였던 것이다. 보다 구체적으로 보면 대장정을 거치면서 형성되고 부상한 중국공산당의 마오쩌둥 중심의 정치 세력이라고 할 수 있다. 핵심인물로는 마오쩌둥을, 대표인물로는 저우언라이(周恩來), 류샤오치, 린뱌오, 덩샤오핑 등을 들 수 있다. 이들은 실제적으로 문화대혁명 시기까지 중국 정계에 커다란 영향력을 미쳤다고 할 수 있다.

제2세대는 1937년부터 1945년 사이에 벌어진 항일전쟁에 중국공산당의 일원으로 주도적으로 참여하면서 정치 및 군사 활동을 벌인 이들이다. 연령의 측면에서 제1세대와는 약 10세 정도의 차이가 난다고 할 수 있다. 핵심인물로는 덩샤오핑을, 대표인물로는 후야오방(胡耀邦), 자오쯔양(趙紫陽), 화궈펑(華國鋒), 챠오스(喬石) 등을 들 수 있다. 특히 이들 중, 물론 화궈펑과 같이 예외가 있지만, 대부분의 인물들은 항일전쟁 시기 공통의 경험을 바탕으로 문화대혁명 이후 진행된 개혁과 개방 시기에 덩샤오핑에 의해 발탁되었다는 점에서 특기할 만하다.

제3세대는 사회주의 개조 시기에 자신의 정치 활동을 시작했고, 많은 이들이 사회주의 건설에 필요한 지식을 익히기 위해 소련이나 기타 동유럽 국가들로 유학을 다녀왔다. 현재 이들 역시 2007년 제17기 중국공산당 전국대표대회를 계기로 대부분 정계를 은퇴한 상태이다. 핵심인물로는 쟝쩌민을, 대표인물로는 리펑(李鵬), 주룽지(朱鎔基), 리란칭(李嵐清), 리루이환(李瑞環) 등을 들 수 있다. 이들은 내부적인 약간의 차이에도 불구하고, 톈안먼 사건 이후 중국을 흔들림 없이 개혁과 개방 노선으로 이끌었고, 동시에 중국이 세계 경제대국으로 부상할 수 있는 안정적인 정치 환경을 조성했다.

제4세대는 문화대혁명 시기에 성장기를 보내고 정치 활동을 시작한 이들을 가리킨다. 또 이들 중 많은 이들은 문화대혁명 기간에 홍위병으로 활동했다. 이들은 마오쩌둥 사상을 광신적으로 신봉했으나, 그 반작용으로 환멸감과 배신감을 느꼈으며, 후에 제기된 개혁과 개방 노선에 적극적으로 찬성했다는 공통의 경향을 가지고 있다. 또 대부분의 제4세대 지도자들은 덩샤오핑이 제기한 '간부사화' 정책에 의해 출세가도를 달리게 되었다. 따라서 이들은 대부분 대학에서 자연과학 및 실용과학을 전공하고, 관련 전공 분야에서 활동했으며, 젊은 나이에 발탁된 '기술관료'적 특성을 가지고 있다. 이 세대의 핵심인물은 현 중국공산당 중앙위원회 총서기 겸 중국 국가주석인 후진타오(胡錦濤)이다. 기타 대표인물로는 원자바오(溫家寶), 쩡칭훙(曾慶紅), 우방궈(吳邦國), 리창춘(李長春) 등을 들 수 있다.

마지막으로 제5세대는 개혁과 개방 시기에 대학에서 수학하고, 본격적인 정치 활동을 펼친 신세대들을 일컫는다. 즉, 문화대혁명 이후 세대라고 할 수 있다. 이들은 대부분 자칫하면 문화대혁명으로 인해 이후 인생을 농촌 및 공장에서 보낼 뻔 했다가 개혁개방으로 인해 인생이 뒤바뀐 이들로, 전반적으로 개혁과 개방 노선에 대한 절대적인 지지를 보내고 있으며, 이후에 경제적 성장 이면에 존재하고 있는 노동, 환경, 지역격차 등 문제에 대해 폭넓게 이해해야 하는 시대적 요구에 적응하면서 성장해왔다고 할 수 있다. 핵심인물로는 시진핑(習近平), 리커창(李克強)을, 대표인물로는 장더장(張德江), 리위안차오(李源潮), 왕치산(王岐山), 류옌둥(劉延東) 등을 들 수 있다. 이상을 정리하면 <표 3>과 같다.

〈표 3〉 중국 정치 엘리트 제1~5세대

세대	주요 역사적 사건	기간(년)	핵심인물	대표인물
1	대장정	1934~1935	마오쩌둥(毛澤東)	저우언라이(周恩來), 류사오치(劉少奇), 린바오(林彪), 덩샤오핑(鄧小平)
2	항일전쟁	1937~1945	덩샤오핑(鄧小平)	후야오방(胡耀邦), 자오쯔양(趙紫陽), 화궈펑(華國鋒), 챠오스(喬石)
3	사회주의 개조	1949~1958	장쩌민(江澤民)	리펑(李鵬), 주룽지(朱鎔基), 리란칭(李嵐清), 리루이환(李瑞環)
4	문화대혁명	1966~1976	후진타오(胡錦濤)	원자바오(溫家寶), 쩡칭훙(曾慶紅), 우방궈(吳邦國), 리창춘(李長春)
5	개혁과 개방	1978~	시진핑(習近平), 리커창(李克強)	장더장(張德江), 리위안차오(李源潮), 왕치산(王岐山), 류옌둥(劉延東)

자료출처: Cheng Li, *China's Leaders : The New Generation*, Rowman & Littlefield Publishing Inc., 2001, p.9의 표 1.1을 필자가 수정함

제1세대 - 마오쩌둥, 저우언라이, 류샤오치

마오쩌둥

마오쩌둥은 한족이고 1893년 출생했다. 후난성 출신이며, 중국공산당 창당 발기인 중 한 명이다. 그의 개인사는 중국공산당의 개혁·개방 이전의 역사이며, 많은 공과에 대한 시비에도 불구하고, 그는 중국 당대사에 가장 큰 영향을 끼진 인물임에 분명하다.

청소년 시절

그는 비교적 부유한 농가에서 태어났으며 1902년에서 1906년까지 고향에서 서당에 다녔다. 1907년에서 1908년까지는 학업을 멈추고 집안의 농사를 도왔다. 집안에서 학업을 중단시킨 이유는 봉건적인 관습에 따라 뤄이슈(羅一秀)와 결혼시키기 위해서였다. 그러나 그는 이 결혼을 인정하지 않았다. 결국 가출하여 1909년 다시 학업을 시작했으며, 가을 후난성 샹샹(湘鄕)현 고등소학당에서 공부하고, 1911년 샹샹 주성(駐省)중학교에 입학해서 학업을 지속했다. 1911년 10월, 신해혁명이 발발하자 학업을 중단하고 혁명군에 입대했다. 1912년 군대에서 나와 1918년까지 후난성립 고등중학교, 후난성립 제4사범학교, 후난성립 제1사범학교 등에서 수학하고, 졸업했다.

1918년 차이허썬(蔡和森) 등과 함께 신민新民학회를 조직했고, 졸업과 동시에 베이징으로 가서 베이징대학 도서관 사서로 근무하면서 개인적인 학습을 계속 진행하면서 급진적인 사상을 받아들였다. 1919년에 고향으로 돌아와 잡지 「샹장(湘江)평론」을 창간하고, 편집했다. 1920년에 중국공산당의 창시자 중 한명인 천두슈(陳獨秀)를 만나서 공산주의 사상을 받아들였다. 그 후 후난 사회주의청년단을 조직했으며, 동시에 허수헝(何叔衡)과 함께 창사(長沙)에서 중국공산당 초기 조직을 결성했다. 또 같은 해 양카이후이(楊開慧)와 결혼했다.

중국공산당 창당에서 중화소비에트공화국 시기

그는 1921년 7월 중국공산당 제1차 전국대표대회에 참석했다. 회의 이후 중국 노동조합 서기부 후난지부 주임 및 후난성 공단연합회 총總간사를 지냈다. 1922년부터 중국 상(湘) 지역

위원회 서기를 지냈다. 중국공산당 제3기 제1차 집행위원회에서 중국공산당 중앙국 성원 및 중앙국 비서로 선출됐다. 1924년 초, 제1차 국공합작이 쑨원(孫文, 호는 중산中山)의 노력으로 성사되자 국민당에 가입하여 국민당 제1기와 제2기 중앙 후보 집행위원으로 활동했다. 1924년에서 1925년까지 중국공산당 중앙조직부 부장과 국민당 중앙선전부 부장대리로 활동했다. 1926년 2월에는 국민당 중앙당부 정치강습반 이사, 같은 해 5월에는 제6기 농민운동강습소 소장에 임명됐고, 같은 해 가을에는 중국공산당 중앙농민운동위원회 서기에 임명됐다. 1927년 3월 중국 농민의 혁명성에 주목한 「후난 농민 운동 고찰 보고(湖南農民運動考察報告)」를 발표하고, 후베이(湖北)성 우한(武漢)에서 전국농민협회 총간사로 선출됐으며, 농민운동강습소를 주관했다. 1927년 8월에서 11월까지 중국공산당 임시 정치국 후보위원으로 활동했다.

1927년 8월 한커우(漢口) 중국공산당 중앙긴급회의(8·7 회의) 이후 중앙파견원으로서 장시성과 후난성의 접경지역에서 가을 추수 봉기를 지도하면서 '중국공농혁명군'을 조직했다. 그러나 봉기에 실패하자 장시성 징강산에서 최초의 농촌 혁명 근거지를 설립했다. 1928년 주더(朱德)와 천이(陳毅)가 지휘하던 봉기부대와 합

마오쩌둥

류한 뒤, '중국 공농 홍군 제4 방면군'을 결성하고, 이 군대의 당 대표 및 군사위원회 서기로 선출됐다. 이후 이 지역을 중심으로 세력을 확장하여 1931년 중화소비에트공화국을 성립하고 그 주석 겸 중국공산당 중앙집행위원회 주석을 맡았다. 이 과정에서 1930년 아내 양카이후이가 국민당군에 사살당하고, 허쯔전(賀子珍)과 재혼했다.

계속적으로 이어진 국민당군의 4차에 걸친 토벌작전에 대해 게릴라전으로 성공적으로 대응하던 공산당은, 국민당군을 피해 중화소비에트공화국으로 들어온 코민테른의 지지를 받은 지도부들의 정규전 방침으로 인해 제5차 토벌작전에 대한 수비에 실패하게 됐다. 따라서 1934년 10월부터 중국공산당은 중화소비에트공화국을 포기하고 대장정에 나서게 됐다.

대장정에서 옌안 시기

대장정 기간 열린 1935년 1월 쭌이(遵義)회의에서 홍군과 당 중앙에서 지도자의 지위를 확고히 했으며, 중국공산당 중앙위원회 정치국 상무위원으로 선출되었다. 1935년 10월 산시성 옌안 인근에 도착하면서 그가 주도한 대장정은 막을 내렸다. 1937년 전처와 이혼하고 배우 출신인 쟝칭과 재혼했다. 그 이후 1942년부터 대대적인 정풍整風운동을 실시하면서 당내에서의 주도권을 더욱 공고히 하고, 시안(西安) 사건을 기점으로 조성된 항일투쟁 국면에서 중국공산당을 지도하면서 항일과 제2차 국공합작을 지휘했다.

1945년 일본의 항복 이후, 국민당과 공산당은 미국의 중재로 공동정부를 구성하기 위한 협상을 진행했지만 실패하고, 본격적인 내전, 즉 해방전쟁을 개시했다. 내전 초기의 수세적인 전세는 1948년부터 린뱌오가 지휘하는 동북인민해방군이 만주 지역을 차지함으로써 역전되어 1949년 2월에는 베이징을, 4월에는 난징, 5월에는 상하이(上海)를 점령하고, 10월에는 청두(成都)마저 함락시키면서 내전의 승리를 가져왔다.

중화인민공화국 건국 초기

중화인민공화국 성립 직후, 그는 1949년 10월 정치협상회의 제1기 전국위원회 주석에 선출되었다. 또 1949년 10월부터 1954년 9월까지 중앙인민정부 인민혁명군사위원회 주석직을 지냈다. 1954년 9월, 제1기 전국인민대표대회에서 중화인민공화국 주석으로 선출됐으며, 같은 달부터 제1기 국방위원회 주석직을 겸임했다. 건국 초기 그는 소련을 방문하여 원조를 청하고, 주되게 지주의 토지를 중농과 소농에게 분배하는 토지개혁을 실시했다. 이후 6·25 전쟁 참전을 결정했고, 이 때문에 새로운 국가건설이 잠시 지체되었지만 1953년부터 소련의 차관과 기술 원조를 받아 소련을 모방한 제1차 5개년 계획을 실시하여 특히 농업 분야에서 획기적인 생산력 발전을 나타냈고, 공업 분야에서도 향후 발전을 위한 기초를 닦았다. 이러한 결과에 고무된 그는 사회주의 개조에서 사회주의 건설단계로 돌입할 것을 천명했다.

그러나 1956년 사상과 언론의 자유를 보장하는 '백화제방 백가쟁명百花齊放百家爭鳴' 조치가 오히려 반反정부적인 색채를 띠게 되자, 이를 억제하기 위해 1957년 이러한 논의 자체를 부정하고 탄압하는 '반反우파운동'을 전개했다.

1958년 사회주의 총노선의 공포를 계기로 본격적인 사회주의 건설 사업을 결정한 그는 대폭적인 농공업 생산과 집단화를 이루기 위해 '대약진'운동과 '인민공사'화를 지시했다. 그러나 비非합리적 목표 책정, 현실을 고려하지 않은 계획, 농업의 경시 그리고 이상 기후 등의 원인으로 대기근이 일어나 많은 이들이 아사餓死하는 상황이 발생했다. 그러나 이에 대한 비판을 제기한 펑더화이(彭德懷) 등을 루산(廬山)회의에서 오히려 숙청한 그는 그럼에도 불구하고, 국가 주석직을 류샤오치에게 물려주었다. 또 이에 책임을 지고 1962년 1월에 열린 중국공산당 중앙위원회 확대회의(7,000인 대회)에서 대약진 운동의 실패를 인정하고, 자아비판을 실시했다.

문화대혁명 시기

대약진 운동의 실패로 정치 일선에서 물러났던 그는 당시 지도부였던 류샤오치와 덩샤오핑 등이 소련과 같이 자본주의의 길을 가려는 수정주의자라고 판단하고, 대중의 힘으로 이를 억제하려는 문화대혁명을 발동했다. 1966년부터 시작된 문화대혁명으로 그는 기존 지도부들을 숙청하고, 그의 노선을 적극적으로 따르는 린뱌오를 후계자로 지명했다. 그러나 린뱌오가 쿠데타를 통해 정권을 획득하려다가 실패하고, 노쇠한 마오는 쟝칭 등 이른바 4인방에게 의지하면서 정국을 지도하다가 1976년 베이징에서 사망했다.[25)]

저우언라이

저우언라이는 한족이고 1898년 출생했다. 저장(浙江)성 출신이며, 1921년 프랑스에서 중국공산당 초기 조직에 가입함으로써 중국공산당 당원이 됐다. 중국 정계 역사상 가장 노련한 외교관, 유능한 행정가, 헌신적인 혁명가 그리고 실용적인 정치가로 유명하다. 특히 역대 최장수 총리로 재직했으며, 좌우에 치우치지 않는 그의 인간적인 품성과 청빈하고 성실한 자세는 많은 이들을 감동시켰고, '영원한 인민의 총리'로 지금까지도 추앙받고 있다.

고아에서 학생운동가로

그는 태어나서 얼마 되지 않아서 고아가 되었다. 해서 만주의 삼촌에게로 가서 어린 시절을 보냈다. 1910년 봄 펑톈(奉天)성[오늘날의 랴오닝(遼寧)성] 인저우(銀州) 인펑(銀風)서원에서 수학했다. 반 년 뒤, 펑톈 제6량덩(兩等)소학당[뒷날 둥관(東關)모범학교로 명칭 변경]에서 수학했다. 이들 학교들은 전통보다는 신식 사고와 사상을 가르치는 곳이었다. 1913년 봄에는 톈진(天津) 난카이(南開)중학교에 입학했다. 1917년 졸업 후 일본으로 유학을 떠난 그는 일본 메이지대학에 입학했지만 제1차 세계대전 이후 일본의 침략적 압력이 중국에 날로 거세지는 것을 보고 학업을 포기하고 1919년 4월 일본에서 귀국했다. 귀국 이후 난카이대학 문학 전공에 적을 두었으나 수업에는 참가하지 않고, 학생운동에만 전념했다. 5·4 운동에 참가하면서, 톈진 학생사회의 주요 지도자로 성장했으며, 각오사覺悟社를 조직했다. 이 조직에서 평생의 반려가 된 덩잉차오(鄧穎超)를 만났다. 1920년 경찰에 의해 잠시 검거되었다가 풀려났다.

프랑스 유학 시기

경찰에서 풀려난 그는 당시 '중불교육위원회'가 주도하는 프랑스에서 일하면서 공부하는 프로그램인 '근공검학勤工儉學'에 참가하기 위해 1920년 11월 프랑스로 건너갔다. 이 시기에 덩샤오핑과 교유했다. 1921년 봄 프랑스에 있었던 중국공산당 초기 조직에 가입했다. 1922년 6월 자오스옌(趙世炎) 등과 유럽 주재 중국소년공산당中國少年共產黨을 설립하여, 중앙집행위원회 위원에 임명됐으며, 선전 공작을 책임졌다. 이후 중국사회주의청년단中國社會主義青年團 유럽지부 서기로 임명됐다. 제1차 국공합작으로 인해 1923년 6월, 개인 신분으로 중국 국민당 유럽 주재 조직에 가입했다. 같은 해 11월, 중국 국민당 유럽 주재 지부 집행부 총무과 주임과 집행부 부장대리로 선출됐다.

제1차 국공합작 시기

1924년 9월 귀국 이후, 중국공산당 광둥(廣東)지구 위원회 위원장·중국공산당 광둥지구 위원회 상무위원 및 군사부 부장으로 임명됐다. 또 당시 국공합작을 계기로 중국 각지에 할거하던 군벌을 토벌하기 위해 소련의 지원으로 설립된 황푸(黃埔) 육군 군관학교 정치부 주임으로 활동했다. 1925년 본격적으로 군벌 토벌작전에 투입되어 국민혁명군 제1군 정치부 주임·부副당대표, 동정군東征軍 총정치부 총주임을 지냈다.

그러나 1925년 3월 쑨중산이 사망하고, 국민당의 권력을 장악한 장제스가 공산당과의 합작을 결렬시키기 위한 일으킨 '중산中山호' 사건이 발생했다. 이를 계기로 1926년 겨울 상하이에 온 그는 중국공산당 중앙조직부 비서·중국공산당 중앙군사위원회 위원 및 중국공산당 장시·저장지구 군사위원회 서기 등으로 활동했다. 1927년 2월 중국공산당 상하이지구 위원회 군사위원회 서기에 임명됐으며, 3월에는 상하이 노동자 제3차 무장봉기를 총지휘했다. 그러나 국민당이 조직폭력배 등을 동원해 이를 진압하는 '4·12' 사건이 발생했다. 이를 계기로 제1차 국공합작은 결렬됐고, 그는 검거를 피해 상하이를 떠났다.

대장정과 옌안 시기

1927년 허룽(賀龍)과 함께 난창(南昌)봉기를 주도했으나 실패했다. 겨우 탈출한 그는 이후 상하이에서 중국공산당의 지하공

저우언라이

작을 지속했으며, 중국공산당 중앙위원회 비서장·조직부 부장 등의 직위를 맡았다. 대도시에서의 공산당의 활동이 극도로 위축되자 1931년 12월 중앙 혁명 근거지, 즉 징강산으로 들어갔다. 이후 중국공산당 소비에트지구 중앙국 서기·중국 공농홍군 총정치위원 및 홍군 제1 방면군 총정치위원·중화소비에트공화국 중앙혁명군사위원회 위원·부주석 등으로 활동했다. 국민당의 대공세로 근거지를 지키지 못하게 된 중국공산당을 따라 1934년 10월부터 장정長征에 참가했다. 그 과정에서 열린 쭌이회의에서 마오쩌둥의 군사 및 정치 노선을 지지했고, 그 이후 중국공산당 중앙에서 군사행동을 책임지는 3인 소조의 1인이 됐다.

옌안에 도착한 이후 1935년 11월부터 1936년 12월까지 중화소비에트 시베이(西北) 혁명군사위원회 위원·부주석에 임명되면서 군사위원회 조직국 공작을 책임졌고, 1935년 12월부터 중국공산당 중앙 둥베이(東北)국 공작위원회 서기를 겸임했다. 1935년 12월부터 1937년 7월까지 중화 소비에트 인민공화국 중앙혁명군사위원회 위원·부주석으로 활동했다.

1936년 12월, 중국공산당 전권대표로 시안에 가서, 군벌 장쉐량(張學良)이 국민당과 공산당의 항일전쟁에서의 연대를 주장하면서 소극적인 입장을 취하던 장제스를 감금해버린 시안

사변의 평화적 해결을 위해 노력했다. 1937년 2월부터 9월까지 중국공산당 수석대표로서 국민당과 내전 중지 및 공동 항일전쟁 수행을 위한 수차례의 담판을 진행하여 제2차 국공합작을 성사시켰다.

항일전쟁과 해방전쟁 시기

항일전쟁 시기, 중국공산당 중앙군사위원회 위원·부주석, 중국공산당 중앙위원회 대표·창강국 부서기·난팡(南方)국 서기 등으로 재직했다. 1945년 6월, 중국공산당 제7기 제1차 중앙위원회 전체회의에서 중국공산당 중앙위원회 정치국 위원·중국공산당 중앙위원회 서기처 서기로 선출됐다. 해방 전쟁 시기, 중국공산당 중앙군사위원회 위원·부주석을 맡았다. 1945년 8월부터 중국공산당 대표 중 1인으로 충칭(重慶)에서의 국민당 및 공산당 간의 담판에 참가했다. '10·10협정'을 달성한 이후, 중국 대표단을 인솔해 충칭, 난징 등지에서 국민당과의 담판을 계속했다. 1946년 초 중국공산당을 대표해 국공정전협정 집행을 위한 군사 3인 소조에 참가했다. 1946년 11월 해방구로 돌아 온 뒤, 12월부터 중국공산당 도시(城市)공작부 부장을 겸임했다. 1947년 8월부터 중앙군사위원회 총참모장 대리를 겸임했다. 해방 전쟁에서 승기를 굳힌 이후 1949년 6월부터 신新정치협상회의 준비위원회 상무위원회 부주임을 맡았다.

중화인민공화국 건국 이후

중화인민공화국 건국 이후, 1949년 10월부터 1954년 9월까지 중앙인민정부 정무원 총리, 1954년 9월부터 1976년 1월까지 국무원 총리로 사망 시까지 재직했다. 또 1949년 10월부터 1958년 2월까지 외교부 부장을 겸임했다. 이 기간 열린 제네바회의와 반둥회의에 중국 대표로 참여하여 국제무대에서의 인지도를 높였다. 1956년부터 중국인민외교학회 명예회장에 추대됐다.

이후 중국 정계에 몰아닥친 대약진, 문화대혁명 등의 좌경열풍 속에서 한쪽에 기울어지지 않은 처신으로 총리 자리를 유지했다. 1966년 8월의 중국공산당 제8기 제11차 중앙위원회 전체회의 이후 마오쩌둥을 대신해 중앙의 일상적인 업무를 주관했다. 1969년 4월 중국공산당 제10기 제1차 중앙위원회 전체회의에서 중국공산당 중앙위원회 정치국 위원·상무위원에 선출됐다. 또 이 시기 중·미 국교정상화를 주도하여 1972년 미국 닉슨 대통령과 상하이코뮤니케에 서명했다. 1973년 8월 중국공산당 제10기 제1차 중앙위원회 전체회의에서 중국공산당 중앙위원회 정치국 위원·상무위원, 중국공산당 중앙위원회 부주석에 선출됐다. 1974년부터는 4인방의 공격이 그에게 집중됐고, 1976년 1월 8일, 베이징에서 사망했다.

그의 중앙 정계에서의 주요 경력은 다음과 같다. 중국공산당 제5기에서 제10기 중앙위원회 위원, 제5기 중앙위원회 정치국 위원(~1927.8.), 중앙 임시 정치국 후보위원(1927.8.~11.)·위원(1927.11.~1928.7.), 제6기에서 제10기까지 중앙위원회 정치국 위원, 제5기 중앙위원회 정치국 상무위원(대리, 1927.5.~6.)·임시 상무위원(1927.7.~8.), 중앙 임시 정치국 상무위원(1927.11.~1928.7.), 제6기에서 제10기 중앙위원회 정치국 상무위원, 제8기와 제10기 중앙위원회 부주석, 제6기(1934.1.~1943.3.)·제7기 중앙위원회 서기처 서기, 토지혁명전쟁 시기 동안 중앙군사위원회 위원·상무위원·주임·서기, 1937년 8월 중국공산당 중앙 정치국 확대회의와 1945년 8월 중국공산당 중앙위원회 정치국 확대회의에서 연속해서 중앙군사위원회 위원·부주석으로 선출됐다.[26)]

류샤오치

류샤오치는 한족이고 1898년생이다. 후난성 출신이며, 1920년 10월 중국사회주의청년단에 가입했고 1921년 가을에 중국공산당 당원이 됐다. 그는 주로 도시에서 노동운동과 지하운동을 통한 혁명 활동에 주력했다. 마오쩌둥의 뒤를 이어 국가 주석, 중앙군사위원회 주석에 올라 후계자로 인정받았다. 그러나 문화대혁명 시기 '주자파'의 우두머리로 낙인찍혀 숙청당했다. 그러나 1980년 덩샤오핑 등 실용주의 개혁파에 의해 명예가 회복됐다.

청소년 시기

그는 1913년 후난성 닝샹(寧鄉)현 제1고등소학高等小學에서 수학했다. 또 1916년 여름, 닝샹 주성중학駐省中學에서도 공부했다. 1919년 허베이(河北)성 바오딩(保定) 위더(育德)중학 프랑스 유학 예비반에서도 수학했다. 1920년 상하이에 있던 중국공산당 초기 조직이 주관한 상하이 외국어학사에서 수학하며 러시아 유학을 준비했다. 1921년 소련으로 가서 모스크바 동방노동자공산주의대학에서 공부했다.

1922년 여름 귀국 이후 본격적으로 공산당 활동을 시작하여, 1923년에서 1925년까지 장시성 안위안(安源) 철로 및 광산 노동자 구락부 총주임으로 활동했다. 1925년 5월 중화 전국총공회 부위원장에 선출됐다. 1926년 5월부터 제2기 전국총공회 집행위원회 상무위원·비서부 부장에 임명됐으며, 10월부터는 전국총공회 한커우 판사처 비서장 및 후베이성 총공회 조직부 부장에 임명됐다. 1927년부터 후베이성 총공회 집행위원회 위원·비서장으로 선출됐다. 1927년 5월부터 중국공산당 중앙노동자운동위원회를 주관했으며, 6월에는 전국 제4차 노동대회에서 총공회 집행위원회 위원으로 선출됐다. 1929년 4월부터 중국공산당 상하이 후동滬東지구 위원회 서기로 재직했다. 1929년 여름부터는 중국공산당 만저우(滿洲)성 위원회 서기로 활동

류사오치

했다. 1930년 여름에 소련 모스크바에서 개최된 적색 노동자 인터내셔널 제5차 대표대회에 참가했으며, 집행국 위원으로 선출됐다. 회의 이후 적색 노동자 인터내셔널에 남아서 활동했다. 1931년 1월, 중국공산당 제6기 제4차 중앙위원회 전체회의에서 중국공산당 중앙위원회 정치국 후보위원으로 선출됐다. 1931년 가을 귀국한 뒤, 중국공산당 중앙위원회 노동자부 부장, 전국총공회 조직부 부장 등으로 활동했다. 1931년 9월부터 1934년 1월까지 중국공산당 임시중앙정치국 위원으로 활동했다.

대장정과 옌안 시기

1932년 겨울, 중앙 혁명 근거지 즉 징강산에 들어갔으며, 이후 전국총공회 위원장, 중국공산당 푸젠(福建)성 위원회 서기를 지냈다. 1934년 10월 장정에 참가했다. 역시 이 기간 중 열린 쭌이회의에서 마오쩌둥을 지지하여 중국공산당의 새로운 핵심 세력의 일원이 됐다. 장정 기간 동안 중국 공농 홍군 제8군단·제5군단 당 중앙 대표, 제3군단 정치부 주임을 역임했다. 1935년 11월부터 전국총공회 시베이 집행국 위원장에 임명됐다. 1936년 봄부터 중국공산당 중앙위원회 대표, 중국공산당 중앙위원회 베이팡(北方)국 서기로 활동했다. 1938년 겨울부터 중국공산당 중앙위원회 중위안(中原)국 서기에 임명됐다. 1939년 4월부터 중국공산당 중앙노동자운동위원회 서기로 재직했다.

1940년 11월부터 중화 신사군 팔로군 총지휘부 정치위원으로 활동했다. 1941년 1월 중국공산당 중앙위원회 화중(華中)국 서기, 중국공산당 중앙군사위원회 화중분회 서기, 화중 당교 교장, 루쉰(魯迅) 예술학원 화중분원 원장 등으로 활동했다. 1942년 말 옌안으로 돌아갔다. 1943년 3월부터 중국공산당 중앙위원회 서기처 서기, 중국공산당 중앙군사위원회 부주석, 중국공산당 중앙조직위원회 서기 및 중국공산당 중앙연구국 국장에 임명됐으며, 10월부터는 중국공산당 중앙 총학습위원회 부주임에 임명됐다.

1945년 6월, 중국공산당 제7기 제1차 중앙위원회 전체회의에서 중국공산당 중앙위원회 정치국 위원·중국공산당 중앙서기처 서기(1945년 8월부터 10월까지 마오쩌둥이 충칭에 가서 담판을 진행하는 기간 동안 중국공산당 중앙위원회 주석 대리·중국공산당 중앙위원회 정치국 주석 대리·중국공산당 중앙위원회 서기처 주석 대리를 역임)를 지냈다.

해방전쟁 시기, 중국공산당 중앙군사위원회 부주석으로 재직했다. 1947년 3월부터 중국공산당 중앙공작위원회 서기에 임명됐다. 1948년 5월부터 중국공산당 중앙 화베이(華北)국 제1서기를, 7월에는 중국공산당 중앙마르크스·레닌학원 원장을 각각 겸임했다. 1949년 9월 중국인민정치협상회의 제1기 전체회의에서 중화인민공화국 중앙인민정부 부주석으로 선출됐다.

중화인민공화국 건국 이후 시기

중화인민공화국 건국 이후, 1949년 10월 정치협상회의 제1기 전국위원회 상무위원으로 선출됐다. 1949년 10월에서 1954년 9월까지 중앙인민정부 인민혁명군사위원회 부주석을 지냈다. 1953년 2월부터 중앙선거위원회 주석으로 활동했다. 1953년 5월부터 1957년 12월까지 전국총공회 명예 주석에 추대됐다. 1954년 9월 제1기 전국인민대표대회 상무위원회 위원장에 선출됐다. 1956년 9월, 중국공산당 제8기 제1차 중앙위원회 전체회의에서 중국공산당 중앙위원회 부주석, 중국공산당 중앙위원회 정치국 위원·상무위원으로 선출됐다.

마오쩌둥이 대약진 운동의 실패 등으로 공식 직위에서 물러나자 1959년 4월 제2기 전국인민대표대회 제1차 회의에서 중화인민공화국 주석으로 선출됐으며, 같은 달 제2기 국방위원회 주석에 임명됐다. 1965년 1월, 제3기 전국인민대표대회 제1차 회의에서 중화인민공화국 주석에 재선되었으며, 같은 달부터 제3기 국방위원회 주석에 임명됐다. 이 과정에서 그는 중국공산당의 그간의 좌경적 작풍을 비판하고, 경제 성장을 위한 시장경제적 요소를 도입한 정책을 시행했다.

문화대혁명 시기

문화대혁명 기간 중 가장 대표적으로 박해를 받았다. 자본주의의 길을 가는 수정주의자인 '주자파'의 우두머리로 낙인 찍힌 그는 홍위병들의 공격을 대대적으로 받았다. 1966년 중국공산당 중앙위원회 부주석직에서 물러났고, 1968년부터는 당에서 제명당하고, 가택연금 상태에 처했다. 1969년 11월 12월, 허난(河南)성 카이펑(開封)에서 당뇨병과 폐렴 등의 지병이 악화되어 사망했다. 1980년 2월, 중국공산당 중앙위원회에 의해 명예회복이 진행됐다.

그의 중국공산당 중앙에서의 주요 경력은 다음과 같다. 중국공산당 제5기·제6기(확대된 제6기 제4차 중앙위원회 전체회의에서 보궐선출)·제7기·제8기 중앙위원회 위원, 제6기 중앙위원회 정치국 후보위원(확대 개최된 제6기 제4차 중앙위원회 전체회의에서 보궐선출), 임시 중앙 정치국 성원(1931.9.~1934.1.), 제7기와 제8기 중앙위원회 정치국 위원, 제8기 중앙위원회 정치국 상무위원, 제8기 중앙위원회 부주석, 제6기(1943년 3월 중앙위원회 정치국 회의에서 결정)·제7기 중앙서기처 서기, 1943년 3월 중국공산당 중앙위원회 정치국 회의와 1945년 8월 중국공산당 중앙 정치국 확대회의에서 중앙군사위원회 위원 및 부주석을 계속해서 역임했다.[27)]

제2세대 - 덩샤오핑, 후야오방, 자오쯔양

덩샤오핑

덩샤오핑은 한족이며 1904년생으로 쓰촨(四川)성 출신이다. 1922년 유럽에서 중국소년공산당에 가입했으며, 1924년 중국공산당원으로 전환 되었다. 중국공산당 초기 멤버이면서도 좌경노선보다는 실용주의 노선을 주장하였으며 현재의 중국 ,즉 개혁개방정책의 중국의 기초를 다져서, '중국 개혁개방의 총설계사'로 불린다. 여러 차례 숙청되었으면서도 다시 정치적으로 재기하여 '오뚝이'라는 별명을 가졌다.

유학 시기

그는 1919년 충칭 근공검학 프랑스 유학 예비학교에 입학하여, 1920년 프랑스로 떠났다. 1922년 중국공산당 입당 이후 중국공산주의청년단 유럽 총지부 영도 성원, 중국공산당 리옹 지역 특파원 등을 역임했다. 1926년 소련 모스크바 동방노동자공산주의대학과 중산대학에서 학습했다.

제1차 국공합작에서 대장정 시기

1927년 귀국한 그는 중국공산당의 명령에 따라 펑위샹(馮玉祥)국민군 소속 중산군사정치학교 정치처 처장 겸 정치 교관으로 재직했다. 제1차 국공합작이 결렬되자 그는 상하이로 옮겨와 중국공산당 조직 서기, 중국공산당 중앙위원회 비서장 등으로 재직했다. 1929년 여름 광시(廣西) 봉기를 지도했고 백색과 룽저우(龍州) 봉기 이후 중국 공농 홍군 제7, 8군과 쭤쟝(左江), 여우쟝(右江) 혁명 근거지를 건설했다. 이들을 이끌고 1931년 당시 중국공산당의 중앙 근거지였던 징강산으로 들어왔다. 중국공산당 루이진현 위원회 서기, 쟝시성 위원회 선전부장 등으로 활동하던 중 당 중앙으로부터 직무해제를 당했다. 이후 홍군 총정치부 비서장으로 복귀했다.

덩샤오핑

1934년부터 장정에 참가했다.

1935년 쭌이회의에서 마오쩌둥의 노선을 지지하고 이후 중국공산당 중앙위원회 비서장, 홍군 1군단 정치부 선전부 부장 등으로 중국공산당의 핵심 권력층으로 부상했다.

항일전쟁과 해방전쟁 시기

항일전쟁이 발발하고, 제2차 국공합작이 성사되자 그는 국민혁명군 팔로군 정치부 부주임으로 활동했다. 1942년 중국공산당 중앙위원회 타이항(太行)분국 서기, 중국공산당 중앙위원회 베이팡(北方)국 대리서기 등으로 활동했다. 1945년부터 중화인민공화국 성립 직전까지, 중국공산당 중앙위원회 진지루위[晉冀魯豫 : 현재의 산시, 허베이, 산둥, 허난성을 가리킴] 중앙국 서기 및 군구 정치위원, 중국공산당 중앙위원회 중위안(中原)국 서기 및 제1서기 그리고 군구 정치위원, 중위안 및 화둥(華東) 야전군 중국공산당 총전방위원회 서기, 중국인민해방군 제2야전군 정치위원, 중국공산당 중앙위원회 화둥국 제1 서기 등으로 재직했다. 이 과정에서 국민당의 주요 지역을 장악하여 공산당의 중국 해방에 큰 기여를 했다.

중화인민공화국 건국 시기

건국 초기 그는 아직 미수복 영토였던 중국 시난(西南)과 시베이 지역의 해방을 지휘했고, 시난국 제1서기와 군구 정치위원으로 재직했다.

1952년 베이징으로 온 그는 이후 문화대혁명 발발 이전까지, 중국공산당 중앙위원회 비서장과 조직부장, 국무원 부총리와 국방위원회 부주석, 중국공산당 중앙위원회 정치국 위원 및 상무위원 그리고 총서기, 중앙군사위원회 상무위원 등으로 활동했다. 특히 1956년에서 1963년 사이 마오쩌둥을 대신해서 당시 대립이 격화되고 있던 소련과의 관계 개선을 위해 노력했다.

문화대혁명 시기

1966년 문화대혁명의 시작으로 주자파의 일원으로 지목되어 당내외의 일체 직무에서 해임 당했다. 1969년부터 1973년 국무원 부총리로 복귀하기 직전까지 장시성의 한 트랙터 공장에서 노동했다. 그 후 1976년까지 중국공산당 중앙위원회 정치국 상무위원과 부주석, 군사위원회 부주석, 인민해방군 총참모장 등으로 활동하면서 문화대혁명의 사후 작업을 진두지휘하다가 4인방에 의해 저우언라이 총리 사망 이후 발생한 톈안먼 사건에서 시위의 배후로 지목되어 또다시 일체 직무에서 해임당했다. 1974년에는 중국을 대표해 UN회의에 참석하기도 했다.

개혁·개방과 톈안먼 사건 그리고 남순강화

1976년 4인방을 체포하고, 문화대혁명이 명실 공히 종료되자 1977년에 중국공산당 제10기 제3차 전체회의에서 중국공산당 중앙위원회 정치국 위원 등 직무에 복귀했다. 1978년 중국공산당 제11기 제3차 중앙위원회 전체회의에서 문화대혁명에 대한 비판과 개혁·개방노선의 실시를 대내외에 천명했다. 그 후 계속적인 개혁·개방 정책을 실시하던 중 발생한 1989년의 톈안먼 시위를 폭력으로 진압하는 결정을 내렸다. 이로 인해 중국의 향방에 대해 대내외적인 관심의 이목이 쏠렸다. 그러나 1992년 말 개혁·개방의 성과를 보이고 있던 남쪽 지역을 돌면서 행한 연설인 '남순강화南巡講話'를 잇달아 발표하면서 중국은 계속 개혁·개방 정책을 실시할 것이라는 것을 공포했다. 그 이후 정치 전면에 나서지 않았다. 1997년 베이징에서 사망했다.

그의 중국공산당 중앙에서의 경력은 다음과 같다. 중국공산당 제7기, 제8기, 제10기(1976년에 해직되었다가 1977년 복직), 제11기 그리고 제12기 중앙위원회 중앙위원, 제7기 및 8기 그리고 제10기(1976년에 해직되었다가 1977년 복직)부터 제12기까지 중국공산당 중앙위원회 정치국 위원, 제11기 중국공산당 중앙위원회 부주석, 제8기 중국공산당 중앙위원회 서기처 서기 등으로 활동했다.

1954년부터 중국공산당 중앙군사위원회 위원, 상무위원(1959년부터)으로 임명, 1973년 중앙군사위원회 위원으로 증설 선출되어 부주석(1976년 해직되었다 1977년 복직), 제11기 중국공산당 중앙위원회 제1차 전체회의에서 군사위원회 부주석, 제11기 중국공산당 중앙위원회 제6차 전체회의에서 주석으로 선출되어 제13기까지 중국공산당 중앙군사위원회 주석(제13기 중국공산당 중앙위원회 제5차 전체회의에서 사퇴)으로 활동했다. 중국공산당 제12차 전국대표대회에서 중앙고문위원회 주임으로 선출되어 재직했다.28)

후야오방

후야오방은 한족으로 1915년 출생했으며 후난성 출신이다. 1929년 중국공산주의청년단에 가입했으며, 1933년에 중국공산당 당원으로 전환되었다. 가장 어린 나이에 대장정에 참가한 것으로 유명하다. 중국 개혁개방 초기 공산당 총서기를 맡았으나, 보수파 세력의 견제를 받아 중간에 사임했다.

대장정과 옌안 시기

그는 17세에 중국공산당에 가입할 만큼 열성적으로 사회주의 운동에 참가했다. 초기에는 주로 중국공산당 청소년 조직에서 활동했다. 1930년에서 1934년 사이 중국공산주의청년단 후난성 류양(瀏陽)현 향 지부 서기·구區 위원회 위원, 소년공산당 샹(湘 : 지금의 후난성을 가리킴) 둥난(東南) 특별위원회 기술서기, 샹간(湘贛 : 지금의 후난성, 장시성을 가리킴)성 아동국 부서기, 소년공산당 중앙국 비서장을 지냈다.

이후에는 주로 군대에서 경력을 쌓았다. 1934년에서 1935년 사이에 중앙공작단 단원, 중국 공농 홍군 제3군 정치부 지방

공작부 비서, 홍군 제13사단 당 총지부 서기를 역임했다. 이어서 장정에 참가했다. 1935년에서 1937년 사이에 소년공산당 중앙국 비서장, 소년공산당 중앙국 조직부 부부장·부장, 선전부 부장 등으로 활동했다. 1937년에서 1939년까지 옌안 항일군정대학에서 학습했으며, 항일군정대학 제1대 당 지부 서기·학교 정치부 부주임·제1대 정치위원을 지냈다. 1939년에서 1946년까지의 기간 중 중국공산당 중앙군사위원회 총정치부 조직부 부부장·부장으로 활동했다. 1946년에서 1950년 사이 지러랴오(冀熱遼 : 오늘날의 허베이와 랴오닝(遼寧)성을 가리킴) 군구 정치부 대리주임, 진차지(晉察冀 : 오늘날의 산시성, 차하얼(察哈爾), 허베이성을 가리킴) 군구 제4·제3종대 정치위원, 중국인민해방군 제18병단 정치부 주임을 역임했다.

후야오방

중화인민공화국 건국 시기

중화인민공화국의 건국과 더불어 그는 주로 지방의 당정기관에서 일했다. 1950년에서 1952년 사이에 중국공산당 촨베이(川北)지구 위원회 서기, 촨베이 행서行署 주임·촨베이 군구 정치위원을 지냈다. 1952년에서 1957년까지의 기간 중에 중국신민주주의청년단 중앙서기처 서기로 활동했다. 1954년 제1기 전국인민대표대회 상무위원회 위원으로 선출되었다. 1957년에서 1966년까지는 중국공산주의청년단 중앙서기처 제1서기, 중국 산시성 위원회 제1서기 대리·제1서기, 중국공산당 중앙 시베이국 제3서기·제2서기 등으로 활동했다.

총서기 시기

1966년에서 1975년 사이에 문화대혁명으로 인해 박해를 받았으나 직무정지 등의 조치를 당하지는 않았다. 1975년 중앙 요직으로 진출한 이후 중국과학원 당핵심소조 부조장, 중국공산당 중앙당교 부교장, 중국공산당 중앙위원회 조직부 부장 등으로 덩샤오핑의 핵심 심복으로 기능했다. 1978년에는 중국공산당 중앙 정치국 위원, 중국공산당 중앙기율검사위원회 제3서기, 중국공산당 중앙위원회 비서장 및 중국공산당 중앙위원회 선전부 부부장, 중국공산당 중앙위원회 정치국 상무위원으로 선출됐으며, 1981년부터는 중국공산당 중앙위원회 주석으로, 그리고 주석제가 폐지된 1982년부터는 중국공산당의 최고 지위가 된 중국공산당 중앙위원회 총서기로 재직했다. 그 이후 개혁·개방 정책 시행 과정에서 그는 보다 급진적인 자유화 조치를 시도했고, 개혁·개방 초기에 나타난 경제문제와 이데올로기 문제 등으로 보수파의 공격을 받고 1987년 중국공산당 중앙위원회 총서기직에서 사임했다. 1989년 베이징에서 사망했다. 특히 그의 죽음을 추모하는 학생들과 시민들이 벌인 시위가 확대되어 톈안먼 사건의 시발점이 됐다.

그의 중국공산당 중앙에서의 주요 경력은 다음과 같다. 중국공산당 제8기·제11기에서 제13기 중앙위원회 위원, 제11기에서 제13기 중앙위원회 정치국 위원, 제11기·제12기 중앙위원회 정치국 상무위원, 제11기 중앙위원회 총서기·중앙위원회 주석, 제12기 중앙위원회 총서기로 선출되었으며, 중국공산당 제11기 제3차 중앙위원회 전체회의에서 중앙기율검사위원회 제3서기로 선출됐다.29)

자오쯔양

자오쯔양은 한족으로 1919년 출생했으며 허난성 출신이다. 1937년부터 혁명공작에 참여했으며, 1938년에 중국공산당에 입당했다. 중국의 대표적인 개혁주의 정치가이다. 중국 국무원 총리와 중국공산당 중앙위원회 총서기를 지냈으며, 1989년 톈안먼 사건 시 무력진압을 반대하다가 실각당했다.

항일전쟁과 해방전쟁 시기

비교적 부유한 집안에서 태어난 그는 자발적으로 신념에 의거해 중국공산당에 투신했다. 1932년 당시 다니던 학교에서 활동하던 지하 공산당 조직에 의해 발탁되어 중국공산주의청년단에 가입했다. 이후 1937년에서 1938년 사이에 허난성에서 학생 공작 및 항일 무장조직 활동을 했으며, 중국공산당 진루위(晉魯豫 : 오늘 날의 산시성, 산둥성, 허난성을 가리킴)성 위원회

자오쯔양

당교에서 학습하고 입당했다. 1938년에서 1945년 사이에는 중국공산당 화(滑)현 노동자위원회 서기, 현 위원회 서기, 중국공산당 위베이(豫北)지구 위원회 조직부 부장, 지구 위원회 선전부 부장, 중국공산당 지루위(冀魯豫 : 오늘 날의 허베이성, 산둥성, 허난성을 가리킴) 제2 및 제4지구 위원회 서기 등을 지냈다.

해방전쟁 시기인 1945년에서 1949년 사이 중국공산당 지루위 제4지구 위원회 서기, 퉁보(桶柏)구 위원회 부서기, 난양(南陽)지구 위원회 서기 등으로 활동했다.

중화인민공화국 건국과 문화대혁명 시기

1949년에서 1966년 사이 중국공산당 난양지구 위원회 서기, 중국공산당 중앙 화난(華南)분국 위원·상무위원·비서장·농촌 공작부 부장·부서기, 중국 광둥성 위원회 서기처 서기, 중국공산당 광둥성 위원회 제2서기·제1서기, 중국공산당 중앙위원회 중난(中南)국 서기처 서기 등을 역임했다. 1966년에서 1971년에는 문화대혁명으로 인해, 박해를 받았으며, 공장에서 노동을 했다.

1971년에 복권되어 1980년까지 중국공산당 네이멍구(內蒙古)자치구 위원회 서기·네이멍구자치구 혁명위원회 부주임, 광저우(廣州) 군구 정치위원, 중국공산당 쓰촨성 위원회 제1서기·쓰촨성 혁명위원회 주임, 청두 군구 제1정치위원, 정치협상회의 제5기 전국위원회 부주석, 중국공산당 중앙위원회 정치국 후보위원·위원 등으로 활동했다.

총리와 총서기 시기

쓰촨성 재임 시기 보여줬던 농촌 개혁 문제에서의 활약을 바탕으로 중앙 정계로 진출한 그는 덩샤오핑의 핵심 측근으로 급부상했다. 따라서 1980년에서 1987년까지 국무원 부총리와 총리로 재직했으며, 1987년부터는 후야오방의 뒤를 이어 중국공산당 중앙위원회 총서기로 선출되어 재직했다. 그러나 그 역시 후야오방과 비슷한 보다 확대된 자유화를 기치로 하는 개혁·개방 노선을 지지하고 있었기 때문에 톈안먼 사건에 대한 무력진압을 반대하다가 당내 보수파에 의해 공격당했다. 결국 1989년 중국공산당 제13기 제4차 중앙위원회 전체회의의 결정에 따라 중앙위원회 총서기·중앙위원회 정치국 상무위원·중앙위원회 정치국 위원·중앙위원회 및 중앙군사위원회 제1 부주석 등의 직위가 박탈당했다. 또 1989년 제7기 전국인민대표대회 상무위원회 제8차 회의에서 중화인민공화국 중앙군사위원회 부주석의 직위가 박탈당했다. 이후 줄곧 가택연금 상태에 있다가 2005년 베이징에서 사망했다.

그의 중국공산당 중앙에서의 주요 경력은 다음과 같다. 중국공산당 제10기에서 제13기 중앙위원회 위원(제13기 제4차 중앙위원회 전체회의에서 박탈됨), 제11기 중앙위원회 정치국 후보위원·위원, 제12기·제13기 중앙위원회 정치국 위원(제13기 제4차 중앙위원회 전체회의에서 박탈됨), 제11기에서 제13기 중앙위원회 정치국 상무위원(제13기 제4차 중앙위원회 전체회의에서 박탈됨), 제11기 중앙위원회 부주석, 제12기 중앙위원회 대리 총서기, 제13기 중앙위원회 총서기(제13기 제4차 중앙위원회 전체회의에서 박탈됨)를 지냈다. 중국공산당 제13기 제1차 중앙위원회 전체회의에서 중앙군사위원회 제1 부주석으로 선출되었다(제13기 제4차 중앙위원회 전체회의에서 박탈됨).[30)]

제3세대 - 장쩌민, 주룽지

장쩌민

장쩌민은 한족으로 1926년 출생했으며 장쑤성 출신이다. 1943년부터 중국공산당 지하당이 지도하는 학생운동에 참가했고, 1946년에 중국공산당에 입당했으며, 1947년 상하이교통대학 전기과를 졸업했다. 그의 숙부는 혁명열사로, 따라서 그는 광의의 태자당에 속한다고 할 수 있다. 제3세대 중국 정치 엘리트의 핵심 인물이다.

엔지니어 시기

1949년 그는 상하이가 공산당의 세력권에 편입된 이후, 상

장쩌민

하이 이민(益民)식품 제1공장 부엔지니어·공무과 과장 및 동력부문(動力車間) 주임·공장 당 지부 서기·제1부공장장, 상하이 비누생산공장(制皂廠) 제1부공장장, 제1 기계 공업부(一機部) 상하이 제2설계분국 전기전공과 과장 등으로 재직했다. 1955년, 소련 모스크바의 스탈린자동차공장에서 연수했다. 1956년 귀국 이후, 창춘(長春) 제1자동차공장 동력처動力處 부처장·부총동력사 등을 역임했다.

기술관료 시기

1962년 이후, 제1기계공업부 상하이 전기과학연구소 부소장, 제1 기계 공업부 우한 열공업기기연구소熱工機械硏究所 소장·당위원회 대리서기, 제1기계공업부 외사국 부국장·국장 등으로 재직했다. 1980년 이후 국가수출입관리위원회·국가외국투자관리위원회 부주임 및 당위원회 비서장·당조 조원을 역임했다.1982년 이후에는 전자공업부 제1부부장·당위원회 서기에 임명됐다.

상하이와 총서기 시기

1982년 이후 상하이로 자리를 옮겨 시장, 당위원회 부서기와 서기 등으로 재직했다. 이 당시 중국은 개혁·개방 초기의 부작용 즉 물가폭등 등으로 매우 혼란했는데, 그는 상하이에서 특히 학생 및 시민들의 시위 등을 잘 통제하여 중앙 지도자의 신임을 얻고 있었다. 그러던 중 1987년 중국공산당 제13기 제1차 중앙위원회 전체회의에서 중국공산당 중앙 정치국 위원으로 선출됐다. 또 1989년 톈안먼 사건 직후 경질된 자오쯔양 중앙위원회 총서기의 후임으로 그가 선출됐다. 즉 1989년 중국공산당 제13기 제4차 중앙위원회 전체회의에서 중국공산당 중앙위원회 정치국 상무위원, 중국공산당 중앙위원회 총서기에 선출됐다. 또 1989년 중국공산당 제13기 제5차 중앙위원회 전체회의에서 중국공산당 중앙군사위원회 주석에 선출됐다. 1990년 제7기 전국인민대표대회 제3차 회의에서 중화인민공화국 중앙군사위원회 주석에 선출됐다. 그 이후 2004년까지 중국 최고 지도자로서의 직위를 유지했다.[31)]

주룽지

주룽지는 한족으로 1928년 출생했으며 후난성 출신이다. 1948년 말부터 혁명공작에 참가했으며, 1949년에 중국공산당에 입당했다. 대학 졸업 학력으로 칭화(淸華)대학 전기과(電機系) 전기제조전공으로 졸업했으며, 고급 엔지니어이다. 그는 중국 국무원 총리를 지냈으며, 재임 시기 과단성 있고, 청빈한 생활로 인해 많은 이들의 사랑을 받았다.

기술관료 시기

1947년에서 1951년 사이에 칭화대학 전기과 전기제조전공으로 수학하며, 신민주주의 청년연맹에 가입했다. 졸업 이후 1951년부터 1952년까지 둥베이 공업부 계획처 생산계획실 부주임을 역임했다. 1952년에서 1958년 사이에는 국가계획위원회 가스동력국·종합국 조장, 국가계획위원회 주임 판공실 부처장, 국가계획위원회 기계국 종합처 부처장 등을 역임했다. 1958년부터 1969년까지 국가계획위원회 간부여가학교幹部業餘學校 교원·국민경제종합국 엔지니어를 지냈다. 1970년부터 1975년까지 문화대혁명의 여파로 57간부학교로 하방당해 노동에 종사했다. 1975년에 복권되어 1979년까지 석유공업부 파이프라인관리국 전력통신공정사판공실 부주임·부주임 엔지니어, 중국사회과학원 공업경제연구소 주임을 역임했다. 1979년에서 1982년까지 국가경제위원회 가스동력국 처장·종합국 부국장을 역임했다. 1982년부터 1983년까지 국가 경제위원회 기술개혁국 국장, 국가경제위원회 위원을 지냈다. 1983년부터 1985년까지 국가경제위원회 부주임·당조 조원을 지냈다. 1985년에서 1987년까지 국가경제위원회 부주임·당조 부서기를 지냈다.

상하이와 총리 시기

1987년부터 1991년까지 중국공산당 상하이시 부서기·상하이시 시장, 중국공산당 상하이시 위원회 서기 등을 역임했다.

이 시기에 장쩌민과 같이 일했으며, 그 능력을 높이 평가받았다. 장쩌민이 중국공산당 중앙위원회 총서기로 선출되고 얼마 후인 1991년에 그는 베이징으로 자리를 옮겼다. 1992년까지 국무원 부총리 및 국무원 생산판공실 주임·당조 서기로 재직했다.

주룽지

그리고 1992년부터 1993년까지 중국공산당 중앙위원회 정치국 상무위원, 국무원 부총리 겸 국무원 경제무역판공실 주임·당조 서기를 역임했다. 1993년부터 1995년까지 중국공산당 중앙위원회 정치국 상무위원, 국무원 부총리 및 중국인민은행 행장을 역임했다. 1995년부터 1998년까지 중국공산당 중앙위원회 정치국 상무위원, 국무원 부총리를 역임했다. 1998년부터 1999년까지 중국공산당 중앙위원회 정치국 상무위원, 국무원 총리를 역임했다. 1999년에서 2002년 사이에는 중국공산당 중앙위원회 정치국 상무위원, 국무원 총리·당조 서기를 지냈다. 2002년부터 2003년까지 국무원 총리·당조 서기를 역임했다. 2003년 이후 그는 정계를 은퇴했다.

그의 중국공산당 중앙에서의 주요 경력은 다음과 같다. 중국공산당 제13기 중앙 후보위원, 제14기·제15기 중앙위원, 제14기·제15기 중앙위원회 정치국 위원, 제14기·제15기 중앙위원회 정치국 상무위원을 역임했다.[32)]

제4세대 – 후진타오, 원자바오

후진타오

후진타오는 한족으로 1942년 출생했으며 안후이(安徽)성 출신이다. 1964년에 중국공산당에 입당했으며, 1965년부터 각종 공작에 참가했다. 대학 졸업 학력으로, 칭화대학 수리공정학과 하천발전 전공을 졸업했으며, 엔지니어이다. 그는 현재 중국공산당 중앙위원회 총서기 겸 국가 주석으로 제4세대 중국 정치 엘리트의 최고 지도자라고 할 수 있다.

대학과 기술관료 시기

1959년부터 1964년까지 칭화대학 수리공정학과에서 수학했다. 1964년에서 1965년까지 칭화대학 수리공정학과에서 수학하며, 정치보도원을 역임했다. 대학 졸업 후 바로 사회로 진출하지 않고, 1968년까지 칭화대학 수리공정학과에서 연구 활동에 참가했으며, 정치보도원으로 활동했다. 1968년부터 1969년까지 수리부 류자샤(劉家峽)공정국 주택건설대에서 노동에 참가했다. 1969년에서 1974년까지 수리부 제4공정국 제813분국 기술원·비서·기관 당 총지부 부서기로 재직했다. 1974년부터 1975년까지 간쑤(甘肅)성 건설위원회 비서를 지냈다. 1975년에서 1980년까지 간쑤성 건설위원회 설계관리처 부처장을 지냈다. 1980년부터 1982년까지 간쑤성 건설위원회 부주임, 공산주의청년단 간쑤성 위원회 서기를 역임했다.

공청단과 지방 간부 시기

1982년에서 1984년까지 공산주의청년단 중앙서기처 서기, 전국청년연합회 주석을 지냈으며, 1983년에는 정치협상회의 제6기 전국위원회 상무위원으로 선출됐다. 1984년부터 1985년까지 공산주의청년단 중앙서기처 제1서기를 지냈다. 1985년에서 1988년까지 중국공산당 구이저우(貴州)성 위원회 서기, 구이저우성 군구 당위원회 제1서기를 역임했다. 1988년부터 1992년까지 중국공산당 시짱자치구 위원회 서기, 시짱 군구 당위원회 제1서기를 역임했다.

중앙 간부 시기

1992년에서 1993년까지 중국공산당 중앙위원회 정치국 상무 위원·중국공산당 중앙서기처 서기를 지냈다. 1993년부터 1998년까지 중국공산당 중앙위원회 정치국 상무위원·중국공산당 중앙위원회 서기처 서기, 중국공산당 중앙당교 교장을 역임했다. 1998년에서 1999년까지 중국공산당 중앙위원회 정치국 상무위원·중국공산당 중앙위원회 서기처 서기, 중화인민공화국 부주석, 중국공산당 중앙당교 교장을 역임했다. 1999년부터 2002년까지 중국공산당 중앙위원회 정치국 상무위원·중국공산당 중앙위원회 서기처 서기·중국공산당 중앙군사위원회 부주석, 중화인민공화국 부주석, 중화인공화국 중앙군사위원회 부주석, 중국공산당 중앙당교 교장을 역임했다. 2002년에서 2003년까지 중국공산당 중앙위원회 총서기·중국공산당 중앙군사위원회 부주석, 중화인민공화국 부주석, 중화인민공화국 중앙군사위원회 부주석, 중국공산당 중앙당교 교장을 역임했다. 2003년부터 2004년까지 중국공산당 중앙위원회 총서기·중국공산당 중앙군사위원회 부주석, 중화인민공화국 주석, 중화인민공화국 중앙군사위원회 부주석을 지냈다. 2004년부터 현재까지 중국공산당 중앙위원회 총서기, 중화인민공화국 주석, 중국공산당 중

후진타오

앙군사위원회 주석 등으로 활동하고 있다.

그의 중국공산당 중앙에서의 경력은 다음과 같다. 중국공산당 제12기 중앙 후보위원·위원, 제13기·제14기·제15기·제16기·제17기 중앙위원, 제14기·제15기·제16기·제17기 중앙위원회 정치국 위원, 제14기·제15기·제16기· 제17기 중앙위원회 정치국 상무위원, 제16기 중앙위원회 총서기, 제14기·제15기 중앙위원회 서기처 서기를 역임했으며, 중국공산당 제15기 제4차 중앙위원회 전체회의에서 중앙군사위원회 부주석에 선출됐으며, 중국공산당 제16기 제1차 중앙위원회 전체회의에서 중앙군사위원회 부주석에 그리고 중국공산당 제16기 제4차 중앙위원회 전체회의에서 중앙군사위원회 주석으로 선출됐고, 제17기 제1차 중앙위원회 전체회의에서 재 선출됐다.[33)]

원쟈바오

원쟈바오는 한족으로 1942년 출생했으며 톈진 출신이다. 1965년 중국공산당에 입당했으며, 1967년부터 각종 공작에 참가했다. 그는 연구생研究生 학력으로 베이징지질학원에서 지질구조 전공을 수학·졸업한 엔지니어로, 현재 중국 국무원 총리이다.

대학과 기술관료 시기

1960년부터 1965년까지 베이징지질학원 지질광산1과에서 지질측량 및 광산탐지를 전공으로 수학했다. 1965년에서 1968년까지 베이징지질학원 지질구조를 전공으로 연구생 과정을 마쳤다. 1968년부터 1978년까지 간쑤성 지질국 지질역학대 기술원·정치 간사·정치처 책임자를 역임했다. 1978년에서 1979년까지 간쑤성 지질국 지질역학대 당위원회 상무위원·부대장을 역임했다.

1979년부터 1981년까지 간쑤성 지질국 부처장·엔지니어로 재직했다. 1981년에서 1982년까지 간쑤성 지질국 부국장을 역임했다.

중앙 간부 시기

1982년에 베이징으로 와서 1983년까지 지질광산부 정책법규연구실 주임·당조 조원으로 활동했다. 1983년에서 1985년까지 지질 광산부 부부장·당조 조원·당조 부서기 겸 정치부 주임을 역임했다. 1985년부터 1986년까지 중국공산당 중앙판공청 부주임으로 재직했다. 1986년에서 1987년까지 중국공산당 중앙판공청 주임을 지냈다. 1987년부터 1992년까지 중국공산당 중앙위원회 서기처 후보서기 겸 중국공산당 중앙판공청 주임, 중국공산당 중앙직속기관 공작위원을 역임했다. 이때 자오쯔양 당시 중국공산당 중앙위원회 총서기를 지근거리에서 보좌했다.

1992년에서 1993년까지 중국공산당 중앙위원회 정치국 후보위원·중국공산당 중앙위원회 서기처 서기, 중국공산당 중앙판공청 주임, 중국공산당 중앙직속기관 공작위원회 서기로 재직했다. 1993년부터 1997년까지 중국공산당 중앙위원회 정치국 후보위원·중국공산당 중앙위원회 서기처 서기를 역임했다. 1998년에서 2002년까지 중국공산당 중앙위원회 정치국 위원·중국공산당 중앙위원회 서기처 서기, 국무원 부총리·당조 조원, 중국공산당 중앙금융공작위원회 서기로 활동했다. 2003년부터 현재까지 중국공산당 중앙위원회 정치국 상무위원, 국무원 총리, 당조 서기로 활동하고 있다.

원자바오

그의 중국공산당 중앙에서의 주요 경력은 다음과 같다. 중국공산당 제13기·제14기·제15기·제16기·제17기 중앙위원회 위원, 제14기 중앙위원회 정치국 후보위원, 제15기·제16기·제17기 중앙위원회 정치국 위원, 제16기·제17기 중앙위원회 정치국 상무위원, 제13기 중앙위원회 서기처 후보서기, 제14기·제15기 중앙위원회 서기처 서기로 선출됐다.

제5세대 – 시진핑, 리커창, 리위안차오, 왕치산, 류옌둥

시진핑

시진핑은 한족이고 1953년에 출생했으며 산시성 출신이다. 1974년 중국공산당에 가입했다. 현재 중국 국가 부주석이며, 제5세대 지도자 중 가장 선두에 선 인물이다. 고위 혁명 간부의 자제, 즉 태자당 출신인 그이지만 여느 태자당 출신들과 달리 많은 인생의 굴곡을 겪었다.

청소년 시기

그는 중국공산당 중앙선전부 부장과 정무원(현 국무원) 비서장과 국무원 부총리 그리고 전국인민대표대회 상무위원회 부위원장을 지낸 혁명 원로 시중쉰(習仲勳)의 아들이다. 그러나 그의 청소년 시기는 그의 아버지가 당시 대약진 운동을 거세게 비판했던 펑더화이(彭德懷)를 추종한다는 죄목으로 반反혁명분자로 몰려 산시성 오지로 하방되었을 때이다. 이때부터 1975년 그의 아버지가 복권될 때까지 산시성 농촌에서 지식청년으로 하방되어 인민공사 등지에서 일했다. 1969년에는 부모가 감금된 것에 대하여 베이징에서 항의하다가 구치소에 반년 동안 수감되기도 했다. 아버지가 복권된 1975년에서야 칭화대학에 입학한 그는 화공학과 기본유기합성 분야를 전공했다.

중앙과 기층 간부 시기

1979년 대학을 졸업한 후는 국무원 판공청에서 당시 부총리였던 겅뱌오(耿飆)의 비서로 배치됐다. 중앙 부서에서 경력을 쌓은 그는 1982년부터 3년간 허베이성 정딩(正定)현에서 당위원회에 부서기·서기로 근무했다. 그 이후 그는 18년간 타이완에 근접한 동부 연해 남쪽에 위치한 푸젠성에서 근무했다. 이 사이 차근차근 경력을 쌓아서 샤먼(廈門)시, 푸저우(福州)시의 당위원회 서기를 거쳤고, 푸젠성 당위원회 부서기와 성장에까지 올랐다. 또 이 과정에서 1986년에 중국의 유명 민족 성악 가수 펑리위안(彭麗媛)과 결혼했고,

시진핑

1998년에서 2002년까지 모교인 칭화대학에서 마르크스주의 이론과 사상정치교육 전공으로 박사학위를 취득했다.

푸젠성에서 착실히 경력을 쌓은 그는 2002년부터 중국 동부 연해의 대표적인 부자 성인 저장성으로 자리를 옮겨 당위원회 부서기와 서기 그리고 성장을 거쳐 잠시 상하이시 서기로 재직했다. 2007년부터는 중국공산당 중앙위원회 정치국 상무위원 겸 국가 부주석으로 재직 중이다.

그의 중앙 정치 경력은 제15기, 즉 1997년부터 시작된 중국공산당 중앙위원회에서 후보위원으로 시작했고, 제16기부터는 중앙위원으로 선출됐다.[34)]

리커창

리커창은 한족이며 1955년 안후이성에서 출생했다. 1976년에 중국공산당에 가입했다. 시진핑과 함께 제5세대의 핵심인물로 거론되고 있다. 당초 공청단에서의 장기간 재직 경험과 개인적인 인연으로 후진타오의 후계자로 인정받았으나, 현재로는 시진핑보다 그 가능성에서 약간 밀리고 있는 상황이다.

평범한 청소년 시기

그는 다른 문화대혁명 시기의 이들과 비슷한 평범한 청소년 시기를 보냈다. 현縣장을 지내고 성 정부에서 간부로 일한 아버지를 두고 자란 그는 1974년 고등학교를 졸업한 후 다른 문화대혁명 세대의 젊은이들과 마찬가지로 안후이성의 한 인민공사에 지식청년의 자격으로 하방되었다. 그 인민공사의 한 생산대에서 당 지부 서기를 하던 그는 대학입시제도가 부활된 것을 계기로 대학입시에 도전하여, 1978년에 베이징대학 법률학과에 입학했다.

리커창

대학생 지도자와 공청단에서의 경험

대학에 입학한 그는 베이징대학 학생회 책임자로 활동했다. 1982년 졸업 이후에도 학교에 남아 베이징대학 공청단위원회 서기와 공청단 중앙학교부 부장으로 1983년까지 재직했다. 그 이후 그는 1998년까지 공청단 중앙조직에서 서기처 후보서기·서기·제1서기 등으로 재직했다. 동시에 이 기간 중에 베이징대학에서 법학박사 학위를 취득했다.

그의 이 시기 이력에서 주의해야 할 점은 바로 현 중국공산당 중앙위원회 총서기 겸 국가 주석인 후진타오가 공청단 중앙에서 활동하던 시기인 1982년부터 1985년까지 상하 관계로 같이 일했으며, 1993년부터는 후진타오의 세 번째 후임으로 공청단 제1서기를 지냈다는 것이다. 바로 이런 점 때문에 흔히 세간에서는 그를 '리틀 후진타오'라고 보고 있다.

지방정부 수장에서 최고 지도부로 도약

공청단에서 인생의 황금기인 30~40대를 거의 보낸 그는 1998년 본격적인 지도자로서의 경로를 밟기 시작했다. 1998년부터 2003년까지 중국의 농업대성 허난성에서 당위원회 부서기와 서기, 부성장과 성장으로 재직했다. 이 기간 중에 관할 범위 내에서 발생한 탄광가스 폭발사고, 대형 화재 사고, 에이즈 감염 사고 등으로 곤혹을 치렀지만 인책 당하지 않고 생존했다. 허난성 이후 그를 기다리고 있던 지역은 후진타오 정권이 야심 차게 추진하려던 진흥동북振興東北 계획의 핵심 지역인 랴오닝성이었다. 2004년부터 2007년까지 랴오닝성에서 당위원회 서기 등으로 재직했다. 랴오닝성 당위원회 서기로 재직 도중 2007년 중국공산당 제17기 중앙위원회에서 정치국 상무위원으로, 2008년 제11기 전국인민대표대회에서 사망한 황쥐(黃菊)의 뒤를 이어 국무원 수석 부총리로 선출됐다.

그의 중국공산당 중앙에서의 주요 경력은 1997년 제15기 중국공산당 중앙위원으로 시작되며, 그 이후 제16기와 현재 제17기 중앙위원으로 재선출됐다.[35)]

왕치산

왕치산은 한족이며, 1948년 산시성에서 출생했다. 1983년에 중국공산당에 가입했다. 전 국무원 부총리 야오이린(姚依林)

의 딸과 결혼하여 범凡태자당 계열로 분류되고 있다.

불우한 청소년기

그는 문화대혁명으로 불우한 청소년 시기를 보냈다. 당시 중국 최고 명문이던 칭화대학 교수이던 아버지가 문화대혁명 과정에서 우파분자로 몰려 박해를 받고, 가족은 강제로 산시성 옌안으로 모두 하방되었다. 이곳에서 같은 신세였던 하방온 야오이린의 가족과 알게 되었고, 그의 딸과 결혼했다. 그 역시 고등학교를 졸업하던 1969년부터 1971년까지 산시성의 한 농촌인민공사에 지식청년으로 하방되어 일했다. 1971년부터 1973년까지 산시성 박물관으로 배치 받아 일했다. 이 인연으로 1973년부터 시베이대학 역사과에 입학하여 수학했다. 대학 졸업 후 다시 산시성 박물관에서 일하다, 1979년부터 1982년까지 베이징에 있는 중국사회과학원 근대사연구소 실습연구원으로 재직했다.

농촌 전문가에서 금융통 그리고 '소방대장'으로

1982년부터 1988년까지 복권된 장인의 도움으로 중국공산당 중앙위원회 서기처 산하의 농촌정책연구실과 국무원 농촌발전연구센터에서 연구원으로 활동했다. 이 시기는 그는 농촌정책 전문가로의 입지를 굳히게 됐다. 동시에 1983년에는 중국공산당에 가입하게 됐다.

이후 그는 업무 영역을 서서히 농촌에서 금융으로 옮기게

왕치산

됐다. 그간의 실적을 인정받은 그는 1988년부터 1989년 사이에 중국농촌신탁투자공사 당위원회 서기 겸 총경리로 근무했다. 또 연이어 중국인민건설은행 부행장과 행장, 중국인민은행 부행장으로 1997년까지 재직했다. 직후 당시 아시아 금융위기의 여파로 휘청이던 광둥성 경제 회복을 위해 부성장으로 차출되어 2000년 11월 국무원 경제체제개혁판공실 주임으로 부임할 때까지 광둥성 경제 특히 금융 질서 회복에 공을 세웠다. 특히 최초의 국유 금융 회사인 광둥 국제신탁투자공사의 파산과정을 진두지휘하면서 그동안 불문율로 여겨졌던 부실 국유기업의 파산을 성사시켰다. 그 이후 '작은 주룽지'라는 별명을 얻게 됐다.

2002년 하이난(海南)성 당위원회 서기로 부임하여 재직하던 중, 2003년 호흡기증후군인 사스(SARS)로 인해 조성된 혼란한 국면을 해결하라는 특명을 받고 베이징시 대리시장으로 급거 임명됐다. 이후 절도 있고, 신속한 일처리로 사스로 조성된 혼란 정국을 수습했다. 이로 인해 그는 '소방대장'이라는 별명을 하나 더 얻게 됐다. 베이징시 시장으로 올림픽을 준비하고 있던 중 2007년에 중국공산당 중앙위원회 정치국 위원, 2008년에는 금융과 대외경제관계를 총괄하는 국무원 부총리로 선출됐다.

그의 중국공산당 중앙에서의 주요 경력은 1997년 시작된 중국공산당 제15기 중앙위원회에서 후보위원으로 선출됐고, 제16~17기 중앙위원으로 재선된 것이다.[36)]

리위안차오

리위안차오는 한족이고, 1950년 장쑤성에서 출생했다. 1978년에 중국공산당에 가입했다. 리커창, 류옌둥과 함께 공청단 파벌의 차기 핵심주자 중 한 명이다.

평범한 지식청년에서 공청단 간부로

그는 1968년 고등학교를 졸업하고 장쑤성의 한 농장으로 하방되었다. 1972년에서 1975년 상하이사범대학 수학과에 재학했다. 대학 수료 후 1978년까지 상하이시 난창(南昌)중학교에서 교사와 루만(盧漫)구 야간 공업전문대 교수로 재직했다. 1978년부터 푸단(複旦)대 수학과에 입학하여 다시 대학생활을 시작했다. 대학 시절부터 공청단 활동에 열성적으로 참여하여 1982년 졸업 이후에도 푸단대에 남아서 대학 공청단 당위원회 부서기로 활동했다. 1983년 잠시 상하이시 공청단위원회 부서기와 서기로 활동하다가 1983년부터 1990년까지 공청단 중앙서기처 서기로 재직했다. 이 도중인 1988년에서 1990년

리위안차오

사이 베이징대에서 경제관리학원에서 석사학위를 취득했다.

선전 전문가에서 지방 간부로

1990년부터 선전 전문가로 활동하면서 중국공산당 중앙위원회 대외선전소조, 국무원 신문판공실 등에서 근무했다. 이 과정인 1991년에서 1995년 사이에 중국공산당 중앙당교에서 과학사회주의 전공으로 박사학위를 취득했다. 1996년부터 2002년까지 문화부 부부장으로 재직했다. 이 시기 직설적 성격으로 인해 승진의 기회를 잡지 못하던 그는 2002년 후진타오가 중국공산당 총서기로 선출되자, 중국의 대표적인 부자성인 장쑤성 당위원회 부서기로 임명됐고, 그 후 2007년 중국공산당 중앙위원회 조직부 부장으로 오기 전까지 관할 지역인 난징시 당위원회 서기, 성 당위원회 서기 등으로 활동했다.

장쑤성 재임 시기 지역 내 균형발전을 위해 각종 대책을 수립해 실행했고, 특히 2004년에는 후진타오를 비롯한 중앙 정부의 경기과열방지정책을 다른 연해지역 성의 지도자와는 달리 적극 옹호했다. 실례로, 당시 중앙 정부의 과잉투자금지책에도 불구하고 무리하게 투자를 진행하여 회사 규모를 확장하려한 민영 철강회사인 톄번(鐵本)을 문 닫게 하는 등 강도 높은 조치를 펼쳤다.

그의 중앙 정계 경력은 다소 일천하지만 그 승진 속도는 매우 빠르다. 제16기 중국공산당 중앙위원회에서 후보위원으로 선출됐으나, 제17기 중앙위원회에서는 중앙위원으로 선출됨과 동시에 당 중앙위원회의 핵심 조직인 조직부의 수장과 당 중앙위원회 정치국 위원으로 선출되는 등 핵심 권력층으로 수직 진입했다.[37]

류옌둥

류옌둥은 여성이며 한족이고 1945년 장쑤성에서 출생했다. 1964년 중국공산당에 입당했다. 그녀는 제17기 중국공산당 중앙위원회 정치국 위원 중 유일한 홍일점이다. 그녀는 태자당이면서도 공청단 파벌로 분류되기도 한다.

대학생에서 노동자로, 다시 공청단 간부로

그녀의 아버지는 국민당과의 내전 당시 인민해방군 제3야전군 정치위원을 지내고, 건국 이후 상하이시 당위원회 비서장과 중앙 정부 농업부 부부장을 지낸 혁명 원로 류루이룽(劉瑞龍)이다. 그녀는 1970년 칭화대학 공정화학과를 졸업했다. 졸업과 함께 허베이성의 한 공장에서 노동자로서 첫 사회생활을 시작했다. 1972년부터는 지역을 베이징으로 옮겨 화공실험 공장에서 노동자로 재직하면서, 당 지부 활동을 병행했다. 이 당시 성과를 인정받아 1980년

류옌둥

에는 베이징시 당위원회 조직부에서 재직했다. 1981년부터 1982년 사이에 베이징시 차오양(朝陽)구 당위원회 부서기로 재직하고, 바로 1991년까지 공청단 중앙서기처 서기로 활동했다. 그녀는 바로 이 시기 중인 1982년에서 1984년 사이에 후진타오와 함께 서기처 서기로 근무하면서 인연을 맺었다.

통일전선 전문가로서의 길

그녀는 공청단에서의 경험을 토대로 이후 통일전선 전문가로서의 경력을 꾸준히 쌓아왔다. 1991년부터 2003년까지 중국공산당 중앙위원회 통일전선공작부에서 부비서장, 부부장, 부장 등으로 재직했다. 이 과정에서 1990년과 1994년 사이에 중국 런민(人民)대학에서 사회학으로 석사학위를, 1994년에서 1998년 사이에는 지린(吉林)대학에서 행정학으로 박사학위를 취득했다. 2003년부터는 중국공산당 중앙위원회 통일전선공작부 부장직과 함께 대표적인 중국 정계의 통일전선 조직인 전국정치협상회의 부주석으로 선출됐다. 2007년부터 시작된 제17기 중국공산당 중앙위원회 정치국 위원이자 2008년 제11기 전국인민대표대회에서 교육과 과학 그리고 문화 영역을 책임지는 국무위원으로 선출됐다.

그녀의 중앙 정계 경험은 제15기 중앙위원회에서 후보위원으로 시작됐다. 그리고 제16기와 제17기 중앙위원회에서 위원으로 선출됐다.[38]

나가며

이상에서 연령과 공통의 역사적 사건에 대한 경험을 중심으로 하는 정치 세대의 개념으로 중국 정치 엘리트를 살펴보았다.

제1세대는 대장정을 중심으로 중국공산당의 초기 혁명 투쟁을 같이한 경험을 바탕으로 형성된 정치 엘리트 세대이다. 이들은 다양한 초기 인생 역정과는 달리 청년기부터 사선을 넘나드는 투쟁과정에서 동료애를 강화해 가면서 중국의 최고 정치 엘리트 집단으로 성장했다. 특히 대장정과 옌안 시기의 어려움이 이들을 보다 강한 결속력으로 묶었고, 집합적인 정체성과 결집력을 만들어냈다고 할 수 있다.

제2세대는 제1세대보다 약간 늦은 시기인 항일전쟁 시기에 본격적인 정치활동을 펼친 이들이다. 제1세대에 비해서 약 10세가량 젊고, 보다 체계화된 중국공산당의 테두리 아래서 1937년부터 1945년 사이에 두각을 나타냈다. 그러나 기본적으로 제1세대와 제2세대 정치 엘리트는 전문적인 지식을 갖춘 정치가라기보다 군인 혹은 선동가에 가까운 혁명가라고 할 수 있다.

제3세대에 와서는 그 상황이 매우 달라졌다. 제3세대 정치 엘리트들은 대부분 일본의 중국 점령 이후 성장기를 맞이했다. 또 대부분이 1945년 항일전쟁이 끝난 이후 중국공산당에 가입했다. 그리고 대부분이 사회주의 개조 시기인 1950년대에 정치활동을 시작했고, 많은 사람들이 당시 사회주의 개조에 필요한 전문 기술을 배우기 위해 소련이나 기타 동유럽 국가들로 유학을 다녀왔다. 따라서 이들은 기존의 정치 엘리트와 다른 특성, 즉 전문 영역의 기술과 경험을 가진 이들로 구분된다. 즉, 혁명가에서 전문 관료로서의 변화가 시작된 것이다. 특히 자연과학, 응용과학, 경제관리 등 실용적인 학문을 전공한 이들의 비중이 높았다.

제4세대는 더욱더 전문 관료로서의 성격이 두드러졌다. 이들은 대부분 중화인민공화국 건국 이후 출생했고, 문화대혁명 시기에 본격적인 정치 활동을 시작했다. 그러나 약 10년간 그들은 정부의 행정과 교육 기능이 대부분 중지되고, 극도로 혼란한 사회상을 무력하게 지켜볼 수밖에 없었다. 다행히(?) 직급이 낮은 이들은 숙청 혹은 자기비판과 같은 재앙은 피할 수 있었지만 매우 혼란한 시기를 보냈음에는 분명하다. 이들이

다시 중국 정계의 중심에 서게 된 계기는 1978년 제11기 중국공산당 중앙위원회 제3차 전체회의를 기점으로 중국 정치의 주도권을 재장악한 덩샤오핑을 비롯한 실용주의 개혁파 세력이 자신의 노선을 실행할 젊고, 학력수준이 높고, 전문 영역에서의 경험이 있고, 당성이 높은 간부들을 적극적으로 등용하기 시작하면서부터이다. 따라서 이들은 개인적인 판단에는 다소 차이가 있을 수 있지만 개혁개방이 바로 자신의 정치 인생에서 최고로 받들어야 할 가치로 여기고 있다고 할 수 있다.

제5세대는 제4세대보다 더 어린 이들이다. 따라서 대부분 문화대혁명 시기에 고등학교나 대학교에 재학 혹은 막 졸업한 상태였다. 따라서 홍위병으로 문화대혁명에 적극 참여했을 가능성이 높다. 또 1960년대 말 1970년대 초에 약 3,000만 명의 청소년들이 농촌이나 오지로 보내진 '하방下放' 세대에 속한다고 할 수 있다. 이들 중 대부분은 실용주의 개혁파가 정권을 재장악하고 대학 입학시험을 재조정한 1977년 이후에 다시 대학으로 돌아갔다. 따라서 이들은 문화대혁명 초기에 마오쩌둥을 신과 같이 받들고 그의 사상을 신봉했다. 그러나 후에는 환멸감과 배신감을 느꼈고 농간당했다고 생각했다. 그들의 꿈은 산산이 부서졌고, 정력은 소비됐으며 교육과 직업의 기회를 잃었다. 이러한 상황에서 덩샤오핑의 개혁개방은 제4세대와 마찬가지로 그들의 삶을 구원해준 중요한 정책 전환이었다고 할 수 있다. 그러나 이들이 제4세대 지도자와 차이를 보이는 점은 이들이 현재 직면하고 있는 중국의 현실은 그동안의 개혁개방 정책으로 인해 누적된 부작용, 즉 지역·도농·빈부 격차와 환경오염 등의 문제가 중국공산당의 통치 지위를 위협하고 있다는 것이다. 따라서 이들은 이전 세대와는 달리 개혁개방의 부작용을 어떻게 하면 해결할 수 있을까를 최상의 과제로 생각하고 있다.

한편, 2008년 말에 열린 제17차 중국공산당 전국대표대회에서 약 120여 명의 제6세대 중국 정치 엘리트들이 중앙위원회 위원 혹은 후보위원으로 선출되면서 젊은 피로 수혈됐다. 현재 이들 제6세대 중 선두 그룹을 형성하고 있는 이들은 공청단 제1서기 루하오(陸昊), 후난성 성장 저우창(周強), 허베이성 대리성장 후춘화(胡春華), 농업부장 쑨정차이(孫正才) 등이다. 이들은 아직까지 대부분 40대로 정치 초년병에 속한다. 그러나 이들은 고등학교 혹은 대학 재학시절에 톈안먼 사건을 겪었다. 1989년 톈안먼 사건은 중국 개혁개방 초기의 부작용이 대중적으로 분출되면서 발생했고, 이를 기점으로 중국 정치는 정치 민주화 없는 경제 성장을 추진하는 체제로 그 방향을 정했으며, 이는 현재까지도 이어지고 있다. 그러나 자세히는 알려지지 않고 있지만 각종 정치 구호와 중국 사회 발전 방향에 대한 다양한 의견이 제기된 열린 공간 톈안먼 사건을 경험한 제6세대가 향후 중국 정치의 금기된 영역인 정치 민주화 문제를 어떻게 풀어갈 것인지는 벌써부터 세간의 주목을 받고 있다.

이상과 같이 중국 정치를 그 엘리트들을 중심으로 살펴봤을 때 우리는 각 시기의 주안점이 약간씩 변화하고 있는 것을 알 수 있다. 즉 제1세대에서는 중국공산당의 생존, 제2세대에서는 항일전쟁의 승리와 국민당과의 경쟁에서의 승리, 제3세대에서는 중화인민공화국 건국과 사회주의 개조 및 건설, 제4세대는 개혁개방의 성공적 실시, 제5세대에서는 개혁개방의 부작용 해결 등으로 볼 수 있다. 이렇게 본다면 이제까지 중국 정치 엘리트는 각각의 시기의 목표를 평균점 이상을 받을 만큼 잘 달성해오고 있다고 판단된다.

문제는 현재의 제5세대 그리고 현재 등장하고 있는 제6세대의 과제는 이제껏 어떤 시기보다 그 목표의 달성이 쉽지 않을 것이라는 사실이다. 그러나 급속한 변화의 물결 한 가운데 있는 중국을 다른 세대적 특성으로 그리고 다른 시대정신으로 변화를 무서워하지 않으면서 이끌고 간다면 그 전망이 그리 비관적이지만은 않을 것이다.

주

1) Cheng Li, *China's Leaders: The New Generation*, Rowman & Littlefield Publishing Inc., 2001, pp.6~7.

2) Michael Burton & John Higley, "The Study of Political Elite Transformation", *International Review of Sociology*(Vol.11), 2001, p.176.

3) 정재호 편, 『중국정치연구론: 영역, 쟁점, 방법 및 교류』, 나남출판, 2000, 33쪽.

4) 실제로 현재 중국공산당원은 전국적으로 약 7,000만 명, 전국대표는 약 3,000명, 중앙위원회 위원과 그 후보위원은 약 300명으로 이들은 대부분 중국의 당과 국가의 고위 간부를 구성하고 있다.

5) 전체 중국 정치 엘리트 중 여성은 모두 127명으로써, 한족 비중은 91.3%, 출신 지역은 저장성이 12.6%로 가장 많으며, 전체 학력을 기준으로 그 수준은 대학 수료(평균값 3.99)에 가깝고, 선택 전공은 자연과학·응용과학·재정·경제 관련 전공자가 전체의 37.8%로 가장 많았으며, 주요 경력은 엔지니어가 26.0%로 가장 많았고, 기술관료로 분류할 수 있는 이들은 전체의 27.6%를 차지했다.

6) 이들은 순서대로, 수위(粟裕), 란룽위(藍榮玉), 허즈창(和志強), 뤼춘제(呂存姐)(여)이다. 그리고 각각 제7기 중앙 후보위원·제8~11기 중앙위원, 제9기 중앙 후보위원, 제13기 중앙 후보위원·제14기 중앙위원, 제9~11기 중앙 후보위원을 역임했다.(中共中央組織部·中共中央黨史硏究室, 『中共共産黨曆屆中央委員大辭典 1921—2003』, 中共黨史出版社, 2004, p.661, p.303, p.197, p.497.)

7) 타이완 출신 정치 엘리트는 차이샤오(蔡嘯), 린리윈(林麗溫)(여), 린밍위에(林明月)(여)이다. 그리고 각각 제10~11기 중앙위원, 제10~15기 중앙위원, 제16기 중앙 후보위원을 역임거나 재임 중이다.(中共中央組織部·中共中央黨史硏究室, 『中共共産黨曆屆中央委員大辭典 1921—2003』, 中共黨史出版社, 2004, p.23, pp.412~413.)

8) 이와 같은 기술관료에 대한 개념과 정의는 Cheng Li & Lynn White, "The Sixteenth Central Committee of the Chinese Communist Party: Hu gets What?", *Asian Survey*(43), 2003, pp. 553~597을 참조했다.

9) 中共中央黨史研究室組織編寫, 『光輝曆程 - 從一大到十五大』, 中共黨史出版社, 1998, pp.208~209.

10) 隴興·隴靜華, "中國共産黨培養少數民族幹部政策的演變和發展", 『黑龍江民族叢刊』(第5期), 2004, pp.31~32.

11) 徐亮厚, "中國共産黨對知識分子和資産階級的政策變化", 『湖南大學學報』(第3期), 1996, pp.24~29.

12) 馬峰, "毛澤東時期的建黨方式", 『中共黨史研究』(第2期), 1998, pp.8~13.

13) Hong Yung Lee, *From Revolutionary Cadres to Bureaucratic Technocrats: The Changing Cadre System in Socialist China*, University of California Press, 1991, pp.94~95.

14) 中共中央黨史研究室組織編寫, 『光輝曆程 - 從一大到十五大』, 中共黨史出版社, 1998, pp.215~216.

15) 조영남, 『후진타오 시대의 중국 정치』, 나남출판, 2006, 152쪽.

16) William R. Klecka, "Applying Political Genernations to the Study of Political Behavior: A Cohort Analysis"

17) Cheng Li, *China's Leaders: The New Generation*, Rowman&Littlefield Publishing Inc., 2001, pp.10~11.

18) 서울대 국제문제연구소 편, 『중국정치경제사전』, 민음사, 1990, 109~114쪽.

19) 서진영, 『중국혁명사』, 한울아카데미, 1992, 192~212쪽.

20) 서울대 국제문제연구소 편, 『중국정치경제사전』, 민음사, 1990, 206~210쪽.

21) Hong Yung Lee, *From Revolutionary Cadres to Bureaucratic Technocrats: The Changing Cadre System in Socialist China*, University of California Press, 1991, pp.64~66.

22) 서진영, 『21세기 중국정치』, 폴리테이아, 2008, 269~271쪽.

23) 서진영, 『21세기 중국정치』, 폴리테이아, 2008, 308~310쪽.

24) 鄧小平, "第三代領導集體的當務之急", 『鄧小平文選: 第三卷』(中共中央文獻編輯委員會), 人民出版社, 1993, pp.309~314.

25) 中共中央組織部·中共中央黨史研究室, 『中共共産黨曆屆中央委員大辭典 1921—2003』, 中共黨史出版社, 2004, pp.533~535.

26) 中共中央組織部·中共中央黨史研究室, 『中共共産黨曆屆中央委員大辭典 1921—2003』, 中共黨史出版社, 2004, pp.1122~1123.

27) 中共中央組織部·中共中央黨史研究室, 『中共共産黨曆屆中央委員大辭典 1921—2003』, 中共黨史出版社, 2004, pp.453~454.

28) 中共中央組織部·中共中央黨史研究室, 『中共共産黨曆屆中央委員大辭典 1921—2003』, 中共黨史出版社, 2004, pp.109~110.

29) 中共中央組織部·中共中央黨史研究室, 『中共共産黨曆屆中央委員大辭典 1921—2003』, 中共黨史出版社, 2004, pp.225~226.

30) 中共中央組織部·中共中央黨史研究室, 『中共共産黨曆屆中央委員大辭典 1921—2003』, 中共黨史出版社, 2004, pp.220~221.

31) 中共中央組織部·中共中央黨史研究室, 『中共共産黨曆屆中央委員大辭典 1921—2003』, 中共黨史出版社, 2004, p.271.

32) 中共中央組織部·中共中央黨史研究室, 『中共共産黨曆屆中央委員大辭典 1921—2003』, 中共黨史出版社, 2004, p.1156.

33) 中共中央組織部·中共中央黨史研究室, 『中共共産黨曆屆中央委員大辭典 1921—2003』, 中共黨史出版社, 2004, p.216.

34) 中共中央組織部·中共中央黨史研究室, 『中共共産黨曆屆中央委員大辭典 1921—2003』, 中共黨史出版社, 2004, pp.849~850 ; 邱平, 『中共第五代』, 夏菲爾出版社, 2005,

pp.148~154.

35) 中共中央組織部·中共中央黨史研究室,『中共共產黨曆屆中央委員大辭典 1921—2003』, 中共黨史出版社, 2004, pp.341~342 ; 邱平,『中共第五代』, 夏菲爾出版社, 2005, pp.101~105.

36) 中共中央組織部·中共中央黨史研究室,『中共共產黨曆屆中央委員大辭典 1921—2003』, 中共黨史出版社, 2004, pp.763~764 ; 邱平,『中共第五代』, 夏菲爾出版社, 2005, pp.122~125.

37) 中共中央組織部·中共中央黨史研究室,『中共共產黨曆屆中央委員大辭典 1921—2003』, 中共黨史出版社, 2004, pp.377~378 ; 邱平,『中共第五代』, 夏菲爾出版社, 2005, pp.89~93.

38) 中共中央組織部·中共中央黨史研究室,『中共共產黨曆屆中央委員大辭典 1921—2003』, 中共黨史出版社, 2004, pp.466~467.

참고문헌

서울대 국제문제연구소 편, 『중국정치경제사전』, 민음사, 1990.

서진영, 『중국혁명사』, 한울아카데미, 1992.

서진영, 『21세기 중국정치』, 폴리테이아, 2008.

정재호 편, 『중국정치연구론: 영역, 쟁점, 방법 및 교류』, 나남출판, 2000.

조영남, 『후진타오 시대의 중국 정치』, 나남출판, 2006.

隴興·隴靜華, "中國共產黨培養少數民族幹部政策的演變和發展", 『黑龍江民族叢刊』(第5期), 2004, pp.29~34.

馬峰, "毛澤東時期的建黨方式", 『中共黨史研究』(第2期), 1998, pp.8~13.

邱平, 『中共第五代』, 夏菲爾出版社, 2005.

徐亮厚, "中國共產黨對知識分子和資產階級的政策變化", 『湖南大學學報』(第3期), 1996, pp.24~29.

中共中央文獻編輯委員會, 『鄧小平文選: 第三卷』, 人民出版社, 1993.

中共中央黨史研究室組織編寫, 『光輝曆程 - 從一大到十五大』, 中共黨史出版社, 1998.

中共中央組織部·中共中央黨史研究室, 『中共共產黨曆屆中央委員大辭典 1921—2003』, 中共黨史出版社, 2004.

Cheng Li, *China's Leaders: The New Generation*, Rowman & Littlefield Publishing Inc., 2001.

Cheng Li & Lynn White, "The Sixteenth Central Committee of the Chinese Communist Party: Hu gets What?", *Asian Survey*(43), 2003, pp.553~597.

Hong Yung Lee, *From Revolutionary Cadres to Bureaucratic Technocrats: The Changing Cadre System in Socialist China*, University of

California Press, 1991.

Mark Tessler, Carrie Konold and Megan Reif, "Political Gernations in Developing Countries: Evidence and Insights From Algeria", *Public Opinion Quarterly*(Vol.68, No.2), 2004.

Michael Burton & John Higley, "The Study of Political Elite Transformation", *International Review of Sociology*(Vol.11), 2001.

중국의 엘리트 마오쩌둥에서 제5세대 지도자들까지

펴낸날 **초판 1쇄 2008년 7월 20일**
초판 3쇄 2012년 9월 28일

지은이 **주장환**
펴낸이 **심만수**
펴낸곳 **(주)살림출판사**
출판등록 **1989년 11월 1일 제9-210호**

경기도 파주시 문발동 522-1
전화 031)955-1350 팩스 031)955-1355
기획 · 편집 031)955-4662
http://www.sallimbooks.com
book@sallimbooks.com

ISBN 978-89-522-0954-2 04080

089 커피 이야기

eBook

김성윤(조선일보 기자)

커피는 일상을 영위하는 데 꼭 필요한 현대인의 생필품이 되어 버렸다. 중독성 있는 향, 마실수록 감미로운 쓴맛, 각성효과, 마음의 평화까지 제공하는 커피. 이 책에서 저자는 커피의 발견에 얽힌 이야기를 통해 그 기원을 설명한다. 커피의 문화사뿐만 아니라 커피에 대한 일반적인 정보 및 오해에 대해서도 쉽고 재미있게 소개한다.

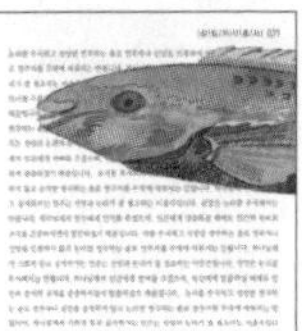

021 색채의 상징, 색채의 심리

박영수(테마역사문화연구원 원장)

색채의 상징을 과학적으로 설명한 책. 색채의 이면에 숨어 있는 과학적 원리를 깨우쳐 주고 색채가 인간의 심리에 어떤 작용을 하는지를 여러 가지 분야의 사례를 통해 설명한다. 저자는 색에는 나름대로의 독특한 상징이 숨어 있으며, 성격에 따라 선호하는 색채도 다르다고 말한다.

001 미국의 좌파와 우파

eBook

이주영(건국대 사학과 명예교수)

진보와 보수 세력의 변천사를 통해 미국의 정치와 사회 그리고 문화가 어떻게 형성되고 변해왔는지를 추적한 책. 건국 초기의 자유방임주의가 경제위기의 상황에서 진보-좌파 세력의 득세로 이어진 과정, 민주당과 공화당의 대립과 갈등, '제2의 미국혁명'으로 일컬어지는 극우파의 성장 배경 등이 자연스럽게 서술된다.

002 미국의 정체성 10가지 코드로 미국을 말하다

eBook

김형인(한국외대 연구교수)

개인주의, 자유의 예찬, 평등주의, 법치주의, 다문화주의, 청교도 정신, 개척 정신, 실용주의, 과학 · 기술에 대한 신뢰, 미래지향성과 직설적 표현 등 10가지 코드를 통해 미국인의 정체성과 신념을 추적한 책. 미국인의 가치관과 정신이 어떠한 과정을 통해서 형성되고 변천되어 왔는지를 보여 준다.

058 중국의 문화코드

강진석(한국외대 연구교수)

중국의 핵심적인 문화코드를 통해 중국인의 과거와 현재, 문명의 형성 배경과 다양한 문화 양상을 조명한 책. 이 책은 중국인의 대표적인 기질이 어떠한 역사적 맥락에서 형성되었는지 주목한다. 또한, 구체적이고 실제적인 여러 사물과 사례를 중심으로 중국인의 사유방식에 대해 설명해 주고 있다.

057 중국의 정체성

eBook

강준영(한국외대 중국어과 교수)

중국, 중국인을 우리는 과연 어떻게 이해해야 하나? 우리 겨레의 역사와 직 · 간접적으로 끊임없이 영향을 주고받은 중국, 그러면서도 아직까지 그들의 속내를 자신 있게 말할 수 없는, 한편으로는 신비스럽고, 한편으로는 종잡을 수 없는 중국인에 대한 정체성을 명쾌하게 정리한 책.

015 오리엔탈리즘의 역사

eBook

정진농(부산대 영문과 교수)

동양인에 대한 서양인의 오만한 사고와 의식에 준엄한 항의를 했던 에드워드 사이드의 오리엔탈리즘. 이 책은 에드워드 사이드의 이론 해설에 머무르지 않고 진정한 오리엔탈리즘의 출발점과 그 과정, 그리고 현재와 미래의 조망까지 아우른다. 또한 오리엔탈리즘이 사이드가 발굴해 낸 새로운 개념이 결코 아님을 역설한다.

186 일본의 정체성

eBook

김필동(세명대 일어일문학과 교수)

일본인의 의식세계와 오늘의 일본을 만든 정신과 문화 등을 소개한 책. 일본인을 지배하는 이데올로기는 무엇이고 어떤 특징을 가지는지, 일본을 주목해야 하는 이유는 무엇인지 등이 서술된다. 일본인 행동양식의 특징과 토착적인 사상, 일본사회의 문화적 전통의 실체에 대한 분석을 통해 일본의 정체성을 체계적으로 살펴보고 있다.

261 노블레스 오블리주 세상을 비추는 기부의 역사

예종석(한양대 경영학과 교수)

프랑스어로 '높은 사회적 신분에 상응하는 도덕적 의무'를 뜻하는 노블레스 오블리주. 고대 그리스부터 현대까지 이어지고 있는 노블레스 오블리주의 역사 및 미국과 우리나라의 기부 문화를 살펴보고, 새로운 시대정신으로 노블레스 오블리주를 부활시킬 수 있는 가능성을 모색해 본다.

396 치명적인 금융위기, 왜 유독 대한민국인가 eBook

오형규(한국경제신문 논설위원)

이 책은 전 세계적인 금융 리스크의 증가 현상을 살펴보는 동시에 유달리 위기에 취약한 대한민국 경제의 문제를 진단한다. 금융안정망 구축 방안과 같은 실용적인 경제정책에서부터 개개인이 기억해야 할 대비법까지 제시해 주는 이 책을 통해 현대사회의 뉴노멀이 되어 버린 금융위기에서 살아남는 방법을 확인해 보자.

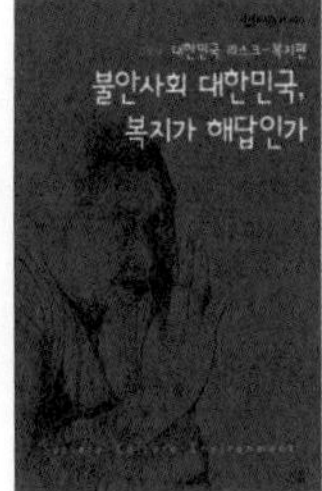

400 불안사회 대한민국, 복지가 해답인가 eBook

신광영 (중앙대 사회학과 교수)

대한민국 사회의 미래를 위해서 복지는 선택이 아니라 필수라고 말하는 책. 이를 위해 경제 위기, 사회해체, 저출산 고령화, 공동체 붕괴 등 불안사회 대한민국이 안고 있는 수많은 리스크를 진단한다. 저자는 사회적 위험에 대응하기 위한 복지 제도야말로 국민 모두의 삶의 질을 높일 수 있는 길이라는 것을 역설한다.

380 기후변화 이야기 eBook

이유진(녹색연합 기후에너지 정책위원)

이 책은 기후변화라는 위기의 시대를 살면서 우리가 알아야 할 기본지식을 소개한다. 저자는 기후변화와 관련된 핵심 쟁점들을 모두 정리하는 동시에 우리가 행동해야 할 실천적인 대안을 제시한다. 이를 통해 독자들은 기후변화 시대를 사는 우리가 무엇을 해야 할 것인지에 대하여 생각해 볼 수 있을 것이다.

사회 · 문화

eBook 표시가 되어있는 도서는 전자책으로 구매가 가능합니다.

001 미국의 좌파와 우파 | 이주영
002 미국의 정체성 | 김형인 eBook
003 마이너리티 역사 | 손영호
004 두 얼굴을 가진 하나님 | 김형인
005 MD | 정욱식 eBook
006 반미 | 김진웅
007 영화로 보는 미국 | 김성곤 eBook
008 미국 뒤집어보기 | 장석정
009 미국 문화지도 | 장석정
010 미국 메모랜덤 | 최성일
015 오리엔탈리즘의 역사 | 정진농 eBook
021 색채의 상징, 색채의 심리 | 박영수
028 조폭의 계보 | 방성수
037 마피아의 계보 | 안혁
039 유대인 | 정성호 eBook
048 르 몽드 | 최연구 eBook
057 중국의 정체성 | 강준영 eBook
058 중국의 문화코드 | 강진석
060 화교 | 정성호 eBook
061 중국인의 금기 | 장범성
077 21세기 한국의 문화혁명 | 이정덕 eBook
078 사건으로 보는 한국의 정치변동 | 양길현 eBook
079 미국을 만든 사상들 | 정경희 eBook
080 한반도 시나리오 | 정욱식 eBook
081 미국인의 발견 | 우수근
083 법으로 보는 미국 | 채동배
084 미국 여성사 | 이창신 eBook
089 커피 이야기 | 김성윤 eBook
090 축구의 문화사 | 이은호
098 프랑스 문화와 상상력 | 박기현 eBook
119 올림픽의 숨은 이야기 | 장원재
136 학계의 금기를 찾아서 | 강성민 eBook
137 미 · 중 · 일 새로운 패권전략 | 우수근
142 크리스마스 | 이영제
160 지중해학 | 박상진
161 동북아시아 비핵지대 | 이삼성 외
186 일본의 정체성 | 김필동 eBook
190 한국과 일본 | 하우봉 eBook
217 문화콘텐츠란 무엇인가 | 최연구 eBook
222 자살 | 이진홍 eBook
223 성, 억압과 진보의 역사 | 윤가현 eBook
224 아파트의 문화사 | 박철수 eBook
227 한국 축구 발전사 | 김성원 eBook
228 월드컵의 위대한 전설들 | 서준형
229 월드컵의 강국들 | 심재희
231 일본의 이중권력, 쇼군과 천황 | 다카시로 고이치
235 20대의 정체성 | 정성호 eBook
236 중년의 사회학 | 정성호 eBook
237 인권 | 차병직 eBook
238 헌법재판 이야기 | 오호택 eBook
248 탈식민주의에 대한 성찰 | 박종성 eBook
261 노블레스 오블리주 | 예종석
262 미국인의 탄생 | 김진웅
279 한국인의 관계심리학 | 권수영
282 사르트르와 보부아르의 계약결혼 | 변광배
284 동유럽의 민족 분쟁 | 김철민
288 한미 FTA 후 직업의 미래 | 김준성 eBook
299 이케다 하야토 | 권혁기 eBook
300 박정희 | 김성진 eBook
301 리콴유 | 김성진 eBook
302 덩샤오핑 | 박형기 eBook
303 마거릿 대처 | 박동운 eBook
304 로널드 레이건 | 김형곤 eBook
305 셰이크 모하메드 | 최진영
306 유엔사무총장 | 김정태 eBook
312 글로벌 리더 | 백형찬
320 대통령의 탄생 | 조지형
321 대통령의 퇴임 이후 | 김형곤
322 미국의 대통령 선거 | 윤용희
323 프랑스 대통령 이야기 | 최연구
328 베이징 | 조창완
329 상하이 | 김윤희
330 홍콩 | 유영하
331 중화경제의 리더들 | 박형기
332 중국의 엘리트 | 주장환
333 중국의 소수민족 | 정재남
334 중국을 이해하는 9가지 관점 | 우수근
344 보수와 진보의 정신분석 | 김용신
345 저작권 | 김기태
357 미국의 총기 문화 | 손영호
358 표트르 대제 | 박지배
359 조지 워싱턴 | 김형곤
360 나폴레옹 | 서정복
361 비스마르크 | 김장수
362 모택동 | 김승일
363 러시아의 정체성 | 기연수
364 너는 시방 위험한 로봇이다 | 오은
365 발레리나를 꿈꾼 로봇 | 김선혁
366 로봇 선생님 가라사대 | 안동근
367 로봇 디자인의 숨겨진 규칙 | 구신애
368 로봇을 향한 열정, 일본 애니메이션 | 안병욱
378 데킬라 이야기 | 최명호 eBook
380 기후변화 이야기 | 이유진 eBook
385 이슬람 율법 | 공일주 eBook
390 법원 이야기 | 오호택 eBook
391 명예훼손이란 무엇인가 | 안상운
392 사법권의 독립 | 조지형
393 피해자학 강의 | 장규원 eBook
394 정보공개란 무엇인가 | 안상운 eBook
396 치명적인 금융위기, 왜 유독 대한민국인가 | 오형규 eBook
397 지방자치단체, 돈이 새고 있다 | 최인욱 eBook
398 스마트 위험사회가 온다 | 민경식 eBook
399 한반도 대재난, 대책은 있는가 | 이정직 eBook
400 불안사회 대한민국, 복지가 해답인가 | 신광영 eBook
401 21세기 대한민국 대외전략: 낭만적 평화란 없다 | 김기수 eBook
402 보이지 않는 위협, 종북주의 | 류현수 eBook
403 우리 헌법 이야기 | 오호택 eBook
405 문화생활과 문화주택 | 김용범 eBook
406 미래 주거의 대안 | 김세용 · 이재준 eBook
407 개방과 폐쇄의 딜레마, 북한의 이중적 경제 | 남성욱 · 정유석 eBook
408 연극과 영화를 통해 본 북한사회 | 민병욱 eBook
409 먹기 위한 개방, 살기 위한 핵외교 | 김계동 eBook
410 북한 정권 붕괴 가능성과 대비 | 전경주 eBook
411 북한을 움직이는 힘, 군부의 패권경쟁 | 이영훈 eBook
412 인민의 천국에서 벌어지는 인권유린 | 허만호 eBook
428 역사로 본 중국음식 | 신계숙 eBook
429 일본요리의 역사 | 박병학 eBook
430 한국의 음식문화 | 도현신 eBook
431 프랑스 음식문화 | 민혜련 eBook
438 개헌 이야기 | 오호택
443 국제 난민 이야기 | 김철민
447 브랜드를 알면 자동차가 보인다 | 김흥식 eBook
473 NLL을 말하다 | 이상철 eBook

(주)살림출판사
www.sallimbooks.com
주소 경기도 파주시 문발동 522-1 | 전화 031-955-1350 | 팩스 031-955-1355